STRUHAR • FARBEN DER VERGANGENHEIT

STANISLAV STRUHAR
Farben der Vergangenheit

Erzählungen

Wieser *Verlag*

Die Arbeit an diesen Erzählungen wurde durch
Stipendien des Bundeskanzleramtes der Republik Österreich,
Sektion II »Kunst und Kultur«, unterstützt.
Die Herausgabe des Buches erfolgte mit freundlicher
Unterstützung durch die Stadt Wien.

BUNDESKANZLERAMT ⁝ ÖSTERREICH
KUNST UND KULTUR

Wieser *Verlag* GmbH

A-9020 Klagenfurt/Celovec, 8.-Mai-Straße 12
Tel. + 43(0)463 370 36, Fax. + 43(0)463 376 35
office@wieser-verlag.com
www.wieser-verlag.com

Copyright © dieser Ausgabe 2016 bei Wieser Verlag GmbH,
Klagenfurt/Celovec
Alle Rechte vorbehalten
Lektorat: Josef G. Pichler
ISBN 978-3-99029-180-1

Inhalt

Die Stille der alten Steine
7

Der Himmel so nah
43

Die Diebin
121

Die Stille der alten Steine

1

Die Nacht war mondhell und warm, und die Hügel schwiegen, wie in Schlaf versunken lag das Tal, fabelhaft strahlte der Sternenhimmel über Apricale.

»Bist du schon fertig?«, fragte Fulvio, und flüchtig strich er über sein Haar, das braun glänzte. Ja, antwortete Domenico nur, den Blick in die Tiefe des Tals gerichtet, wo kleine Fenster leuchteten. In Eile verließen sie die Wohnung und stiegen, von uralten Häusern umgeben, zum Hauptplatz hinauf. Er hole etwas zu trinken, sagte Fulvio vor der Theaterbühne, ehe er sich entfernte, in der Menschenmenge verschwand, und Domenico ging weiter.

»Domenico?«

»Patrizia, was machst du denn hier?«, sagte er, nicht weniger überrascht, auch er lächelte. Sie war nicht mehr mädchenhaft schlank, wie ihr Kleid zu erkennen gab, doch ihr Haar, schwarzlockig und lang, war unverändert geblieben. Seit wann er in Apricale sei, fragte sie. Eine Woche schon sei er hier, übermorgen müsse er aber zurück nach Turin. Sie sei vorgestern gekommen, mit einer Freundin sei sie da, werde aber nur vier Tage bleiben. Ob seine Mutter auch hier sei? Nein, sie sei in Turin. Ob sie noch die Bar in Turin hätten? Klar, antwortete er und fragte, wie es ihr auf der Universität gehe. Sie sei mit dem Studium bereits fertig, und vor einem Jahr habe sie sogar ihren Traumjob gefunden.

»Hast du wirklich mit Architektur zu tun?«

»Ja«, antwortete sie, und er sah zur Bühne, fragte dann, was das für eine Firma sei, wo sie arbeite. Sie sah auch zur Bühne, doch kaum hatte sie geantwortet, kam schon Fulvio. Er begrüßte sie und reichte Domenico ein Glas Wein, danach ging er zurück ins Café. Und Domenico fragte Patrizia, ob sie Lust hätte, spazieren zu gehen.

Das Zimmer lag im Morgenlicht, duftete nach Parfüm, als er seine Augen öffnete. Er drehte sich um und sah sie an. Ihre Finger drückten leicht seinen Arm, und sie stützte den Kopf in die Hand.
»Du bist ein richtiger Mann geworden.«
»Ein richtiger Mann?«, murmelte er, und sie strich über sein Haar.
»Als ich klein war, habe ich mir genau solche blonde Haare gewünscht«, sagte sie, und er äußerte den Wunsch, nach draußen zu gehen. Ob er glaube, dass Fulvio in seinem Zimmer sei, dass er noch schlafe, fragte sie. Ja, antwortete er, und so still sie in der Nacht gekommen waren, verließen sie das Haus. Sie gingen durch Gassen, liefen an Gärten vorbei, und bald schon gelangten sie zur Straße, die am Dorf vorbeiführte. Musik, die aus einem alten Auto kam, brachte sie zum Stehen, und ein betagter Mann, der am Steuer saß, grüßte sie. Sie überquerten die Straße und nahmen den Weg, der zum Bach hinunter führte. Zusammen stiegen sie dann ins Wasser, und ihre Blicke wanderten über Bäume, die sie umschlossen.
»Die Menschen hier mussten sehr einsam gewesen sein«, sagte Patrizia, als sie zu der Hausruine sah, die im Schatten des Laubes stand. Vielleicht seien sie gar nicht so einsam gewesen, meinte er, und sie bat ihn, nach Genua zu ziehen. Das sei nicht so einfach. Doch, es sei einfach, er müsse es nur wollen.
»Wie warm der Bach ist«, sagte er wenig später, als er aus dem Wasser stieg, dann zog er sich an und setzte sich

auf einen Stein, der vor der uralten Brücke lag. Sie schlüpfte in ihr Kleid und kam zu ihm, ließ sich auf seinen Schoß fallen und brachte ihr Handy ans Ohr. Während sie mit Gianna, ihrer Freundin, telefonierte, putzte er ihr Kleid von den Blätterresten, die daran klebten, und als sie das Handy einsteckte, rief er Fulvio an. Sie starrte zum Himmel, und er betrachtete ihre nackten Beine, die auf unbekümmerte Weise schaukelten, so herrlich glatt waren. Leise verabschiedete er sich von Fulvio, und sachte strich er über ihr Knie. Sie habe eine Idee, sagte sie, und wieder nahm sie ihr Handy. Dann erhob sie sich, ging auf die Brücke, und als sie zurückkam, schaltete sie das Handy aus und sagte, sie seien zum Essen eingeladen.

»Wer hat uns denn eingeladen?«

»Komm, sonst verpassen wir den Bus.«

Lang war der Weg zur Straße hinauf, voll heißer Sonnenstrahlen die Luft, und der Bus stand schon an der Haltestelle. Der Busfahrer wartete auf sie, grüßte und lächelte, und nachdem sie Platz genommen hatten, fuhr er los. Vor jeder Kurve hupte er, bremste sanft, erst in der Tiefe des Tals beschleunigte er das Tempo, und Pigna und Castelvittorio erhoben sich aus dem satten Grün des Hinterlandes. Ob er sich noch erinnern könne, wie er mit seiner Mutter nach Pigna gefahren sei? Er nickte, und Patrizia fragte weiter, ob seine Mutter immer noch eine Ferienwohnung in Ligurien suche. Nein, erwiderte er, und sie legte ihre Finger auf seine Hand. Träge rollte der Bus aus Pigna, und Berge ragten auf. Die Sonne verschwand, und Buggio erschien im Schatten der Ferne.

»Hier würde man bestimmt eine günstige Wohnung finden«, sagte Patrizia, als sie in die erste Gasse kamen. Nur zwei alte Männer saßen auf dem Hauptplatz, kein

Geräusch drang aus den Häusern, und der Himmel über ihnen lag wolkenlos, rein und blau, vollständig geöffnet. In der nächsten Gasse blieb Patrizia stehen, und dann klopfte sie an eine Haustür.

»Es ist offen«, tönte es aus dem Fenster über der Tür.

»Giuseppina!«, rief Patrizia aus, und strahlend lief sie in die Wohnung. Sie schloss Giuseppina in die Arme, strich über ihr ergrautes Haar und sah sie noch einmal an, danach stellte sie ihr Domenico vor.

»Wie geht es deiner Mutter?«, fragte Giuseppina, Patrizia wieder zugewandt.

»Es geht ihr gut. Möchtest du sie anrufen? Sie würde sich freuen.«

»Vielleicht später«, antwortete Giuseppina und schlenderte ins Wohnzimmer. Dort wartete schon das Essen, schön auf den Tellern hergerichtet, und in der Luft hing der Duft des Kaffees. Domenico nahm als Erster am Tisch Platz, und die eingerahmte Fotografie eines Mannes, die unter einem Kruzifix auf einem kleinen Schrank stand, zog seinen Blick an. Giuseppina wünschte einen guten Appetit, und Patrizia fing an, von ihrem neuen Architekturprojekt zu erzählen.

»Ist das Ihr Mann gewesen?«, fragte Domenico nach dem Essen. »Ich meine, die Fotografie, dort, auf dem Schrank.«

»Ja, das war mein Francesco«, antwortete Giuseppina, und dann erzählte sie, wie sie mit einer Freundin in Mailand gewesen war, Francesco das erste Mal gesehen hatte.

2

Kaum war er aus dem Zug gestiegen, sah er sie schon. Er ließ seine Taschen fallen, und sie legte ihre Arme um seinen Hals. Jacqueline habe angerufen, es sei doch eine Stelle bei ihnen frei, sagte sie, und dann gingen sie zur Bushaltestelle. Im Bus erzählte sie, was alles sie in den vergangenen Tagen gemacht hatte, doch nachdem sie ausgestiegen waren, wurde sie still. In Eile verließen sie die Straße, und der Schatten einer schmalen Gasse umfing sie. Ein düsteres Treppenhaus öffnete sich ihren Augen, und im zweiten Stock betraten sie eine kleine Wohnung. Sie dürfe aber nicht schwanger werden, flüsterte sie, und ihre Lippen berührten sein Ohr.

Der Abend war schon angebrochen, als sie hinausgingen. Noch war der Himmel hell, doch viele Fenster leuchteten bereits, geöffnet oder geschlossen, so seltsam still, in den winkligen und scheinbar endlosen Gassen verborgen. Als Kind habe sie die Altstadt nicht gemocht, als Erwachsene aber lieb gewonnen, sagte Patrizia, und der Hafen erschien. Ein reges Treiben herrschte auf dem Platz vor dem Aquarium, Kinder schrien freudevoll, doch das Meer lag ruhig, einem Spiegel gleich. Lächelnd betrat Patrizia den nächsten Gastgarten, und als sie sich beide an einem Tisch niederließen, erzählte sie darüber, wie sie sich hier früher manchmal mit ihren Freundinnen getroffen hatte. Die Sonne war nicht mehr zu sehen, das Wasser widerspiegelte die Lichter des Kais, und die Schiffe glänzten, standen still, als seien alle hier zur Schau gestellt. Ob man von hier aus sehen könne, wo sie wohne, fragte er. Nein, antwortete sie.

»Wann lädst du mich zu euch ein?«

»Wir müssen meinen Eltern noch Zeit lassen.«
»Wie ist denn diese Jacqueline?«
»Sie ist nett, aber noch zu jung, zu naiv.«
»Wie jung ist sie?«
»Zweiundzwanzig.«
»Also nur zehn Jahre jünger als wir.«
»Nur?«
»Und wie geht es ihr so?«
»Ich glaube, es geht ihr gut, aber manchmal hat sie es nicht einfach. Ich meine, als eine Ausländerin, die keine Ausbildung hat.«
»Wo kommt sie her?«
»Aus Frankreich. Aus Menton. Sie war sechzehn, als sie hier nach Genua kam. Ihre Mutter hat nämlich einen Genuesen geheiratet. Jacqueline versteht sich aber nicht mit ihm. Deswegen ist sie von daheim ausgezogen. Übrigens, sie wohnt einen Stock über dir.«

Auf der Via XX Settembre blickte Patrizia auf ihre Uhr und wurde ernst. Doch lächelte sie bald wieder, und vor der Tür zum McDonald's sagte sie zu Domenico, sie seien schon da. Sie machte die Tür auf und trat ein, und er sah, wie eine zarte Frau mit kurzem blondem Haar sie grüßte, die an der ersten Kasse arbeitete. Das sei Jacqueline, sagte Patrizia noch schnell. Und nachdem Domenico sich Jacqueline vorgestellt hatte, bestellte Patrizia einen Espresso.

»Und was nimmst du?«, fragte Jacqueline, ihm wieder zugewandt.

»Ich bin etwas nervös, ich bekomme jetzt nichts in den Magen«, war seine Antwort, und sie lachte, dann führte sie ihn zum Büro. Sie klopfte an, öffnete die Tür und ging zu Patrizia zurück, und im Büro erhob sich eine ältere Frau vom Tisch, um ihn zu begrüßen.

Als er das Büro verließ, stand Jacqueline wieder an der ersten Kasse. Er ging hin und dankte, dann erst verabschiedete er sich. Patrizia winkte ihr zum Abschied und sie gingen hinaus. Sie wollte ihm die Piazza della Vittoria zeigen, und auf dem Weg dorthin befragte sie ihn über das Vorstellungsgespräch. Sie müsse später noch nach Hause, aber am Abend komme sie zu ihm, sagte sie wie nebenbei, als sie sich beim Triumphbogen ins Gras legten. So sei sie hier zuletzt mit ihren Freundinnen von der Uni gelegen, bemerkte sie, kreuzte ihre Beine und gab einen zufriedenen Seufzer von sich, lächelte. Für so etwas habe er nie Zeit gehabt, sagte er. Ob er so sehr beschäftigt gewesen sei? Ja, er habe in der Bar arbeiten müssen, antwortete er und fragte, ob sie hier oft gewesen sei. Nur manchmal. Worüber sie sich hier mit ihren Freundinnen unterhalten habe, wollte er wissen, und sie sah ihn überrascht an, fragte, ob er nicht zu neugierig sei. Doch fing sie trotzdem an zu erzählen, und dafür musste er sie zur Bushaltestelle begleiten, musste warten, bis der Bus gekommen und sie eingestiegen war, ihm einen Abschiedskuss geschickt hatte. So lange stand er an der Haltestelle, bis der Bus losgefahren und verschwunden war, und als er zurück nach Hause kam, fühlte er sich an seine Mutter erinnert. Er nahm das Handy aus der Hosentasche, doch da bemerkte er ein junges Liebespaar, das am Fenster gegenüber stand, leidenschaftlich einander küsste. Das Handy in seiner Hand läutete, und Patrizia sagte, sie müsse noch etwas fertig machen, sei im Stress, werde erst morgen vorbeikommen.

Ob sie ihn etwa geweckt habe, fragte sie, als er die Wohnungstür öffnete, dann trat sie an ihn heran, gab ihm einen Kuss und ging in sein Zimmer. Er hörte, wie sie das Fenster aufmachte, und als er ins Zimmer kam, sah er sie mit der Frau aus der Wohnung gegenüber sprechen. Die Frau steckte sich das Haar hinters Ohr, und der Mann erschien. Grinsend legte der Mann seine Hand um ihre Schultern, und beide verabschiedeten sich von Patrizia.

»Wann bist du denn schlafen gegangen?«, fragte Patrizia, nachdem sie das Fenster zugedrückt hatte. »Wo hast du dich in der Nacht herumgetrieben?«

»Ich habe mir alles angeschaut, was du mir empfohlen hast.«

»Und? Waren das gute Tipps?«

»Sehr sogar.«

»Dann hast du bestimmt nichts gegen eine Hafenrundfahrt«, sagte sie, und schon wenig später gingen sie zum Hafen. Als sie dann auf dem Boot Platz nahmen, lenkte ein entzückender Bub, der auf dem Schoß einer Frau saß, ihre Aufmerksamkeit auf sich. Der Bub wies in die Ferne, wo ein großes Schiff fuhr, und die Frau strich über sein Haar, das die gleiche braune Farbe hatte wie ihr Haar.

»Hast du deine Mutter schon angerufen?«, fragte Patrizia.

»Nein. Ich möchte damit noch warten.«

»Und wenn du ihr eine SMS schickst?«

»Später vielleicht.«

»Was wirst du ihr schreiben?«

»Keine Ahnung.«

Schon am Vormittag unterlief ihm der erste Fehler, und als er beinahe eine Bestellung verwechselte, löste Jacqueline ihn an der Kasse ab. Aber nur für eine Weile, meinte sie, ehe sie gestand, anfangs ähnliche Schwierigkeiten gehabt zu haben. Bis zum Dienstende unterhielten sie sich miteinander, scherzten und lachten, doch als sie hinaus auf die Straße kamen, fragte Jacqueline ernst, ob er nicht auf Patrizia warten müsse. Nein, sie arbeite an ihrem neuen Projekt und habe daher keine Zeit, antwortete er, und danach gingen sie weiter. Auf der Piazza de Ferrari hielt Jacqueline bei dem monumentalen Springbrunnen an, um ihre Hände nass zu machen, und ihr Blick glitt über die Menschen, die herumsaßen. Es sei so nett hier, sagte sie.

»Magst du etwas trinken gehen?«, fragte er. »Beim Hafen vielleicht?«

»Aber ich bleibe nicht lange«, antwortete sie und trocknete sich die Hände an ihrem Hemd ab. Unterwegs erzählte sie von ihren ersten Tagen in Genua, machte Späße, doch im Gastgarten sagte sie plötzlich, sie sei freundlich aufgenommen gewesen und habe die Stadt schön gefunden, dennoch sei sie hier nicht heimisch geworden. Sie denke immer noch in ihrer Muttersprache, lese französischsprachige Bücher, und am liebsten höre sie französische Musik. Zugleich müsse sie aber gestehen, dass sie auf Französisch nur mehr mit ihrer Mama spreche. Ob sie keine Kontakte zu ihren Freundinnen aus Menton pflege, fragte er. Sie habe ein paar Mal mit Laeticia, ihrer guten Freundin, telefoniert, aber das sei schon lange her.

»Du warst nicht mehr in Menton, seitdem du hier bist?«

»Nein.«

»Und deine Mutter?«

»Meine Mama war im Frühling in Menton, weil ihre Schwester, also meine Tante Paulette, ihren Vierziger gefeiert hat.«

»Kommt deine Tante euch nicht besuchen?«

»Sie war nur zwei Mal bei uns, sie kann meinen Stiefvater nicht leiden«, antwortete sie, und dann erzählte sie von ihrem Stiefvater. Noch auf dem Heimweg sprach sie über ihn, so lange, bis Domenico seine Wohnungstür öffnete und sie unterbrach, auf Französisch unterbrach, um sich für ihre Hilfe an der Kasse zu bedanken. Dafür brauche er sich doch nicht zu bedanken, sagte sie auf Französisch, verabschiedete sich aber schnell, lief die Treppe hinauf. Er hörte, wie ihr Schloss rasselte, hörte, wie ihre Schritte sich entfernten, dann schloss er leise seine Tür. In der Wohnung gegenüber jagte der Mann die Frau um den Tisch, beide trugen sie Bademantel, lachten, nass und schwer glänzten ihre Haare, seltsam verspielt ihre Augen. Da packte der Mann die Frau an den Armen, ungestüm war nun seine Bewegung, er zog sie über den Tisch und küsste ihre Lippen, ihr Gesicht fest in seinen Händen. Die Finger der Frau berührten seine Schulter, hauchleicht und ziellos liefen sie über seine Haut, beide verschwanden mit einem Mal, und das Licht in ihrem Zimmer erlosch.

Er blickte zu einer Gruppe Jugendlicher, die vor dem Springbrunnen stand, als sein Handy läutete. Patrizia sagte, sie habe immer noch viel zu tun, aber am Abend hole sie ihn trotzdem ab. Sie wolle ihn ihrem Großvater vorstellen, fügte sie noch hinzu, ehe sie sich verabschiedete, und sein Blick wanderte über Häuser, die im Regen feiner Sonnenstrahlen glänzten.

Jacqueline stand an der ersten Kasse und zählte das Geld, ihre Begrüßung kam nur knapp, kaum hörbar über ihre Lippen. Als er zu ihr kam, sagte sie lediglich, er werde heute an der zweiten Kasse arbeiten, und dann wurde sie still, sprach ihn erst am Nachmittag wieder an. Ob bei ihnen in der Bar mehr los gewesen sei? Er verneinte und erzählte von ihrer Bar, auf Französisch, und sie hörte ihm aufmerksam zu. Wo er so gut Französisch gelernt habe? In der Schule und auch etwas zu Hause, aber er habe noch viel zu lernen, antwortete er.

»Hier wird nur auf Italienisch gesprochen«, brummte lächelnd der dicke Umberto, der aus der Küche trat, und ein junger Mann kam zu Jacquelines Kasse. Der Mann wollte sie sprechen, und sie folgte ihm zu einem Tisch, nahm Platz. Das sei Pietro, ihr ehemaliger Freund, sagte Umberto zu Domenico, und Jacqueline stand wieder auf. Auch Pietro stand auf, und rasch fasste er sie am Arm. Sie entwand sich seiner Hand, lief zur Toilette, und er ging fluchend hinaus. Mit dem werde sie noch Probleme haben, bemerkte Umberto, bevor er zurück in die Küche schlenderte.

Patrizia traf mit Verspätung ein, begrüßte Domenico an der Eingangstür und sagte, sie habe es leider nicht früher geschafft und wisse gar nicht, wann sie in den nächsten Tagen werde kommen können. Danach fuhren sie in ein Stadtviertel hinauf, das grün und ruhig war, und als sie aus dem Bus stiegen, betraten sie ein großes Haus. Großvater stand an der Wohnungstür, leicht gebeugt und kraftlos, er reichte Domenico die Hand und grüßte laut, ein kleines Lächeln auf den Lippen. Sein Wohnzimmer war ganz hell, seine Einrichtung schön, und sein Balkon gewährte einen herrlichen Ausblick. Patrizia zeigte Domenico jedes Zimmer, und als sie in die Küche kamen, brachte ein Kuchen sie zum Lachen, der auf dem Tisch wartete, nahezu gänzlich auseinandergefallen war. Auf Domenicos Wunsch hin aßen sie den Kuchen auf dem Balkon, und dabei erzählte Großvater, was es Neues in seinem Viertel gab, dachte an jene Zeit zurück, als Patrizia noch ein kleines Mädchen gewesen war. Über jede Frage, die Domenico ihm stellte, freute er sich, und als sie an der Wohnungstür Abschied voneinander nahmen, tätschelte Großvater plötzlich seine Schulter, flüsterte in sein Ohr, er müsse Geduld mit Patrizia haben.

In die Altstadt zurück wollte Patrizia zu Fuß gehen, und so versanken sie in Straßen, die im Schatten alter Bäume lagen. Als Kind habe sie unter diesen Bäumen gespielt, habe jedes Haus in der Gegend gekannt, sagte Patrizia und fragte, ob er sich vorstellen könne, hier zu wohnen. Ja, antwortete er.

Sie wünschte sich, er solle zur Umbertos Geburtstagsfeier auch ohne sie gehen, und meinte, das wäre die beste Gelegenheit, um Menschen kennenzulernen, endlich neue Freunde zu finden. Ob sie sich wirklich nicht frei nehmen könne? Nein, das gehe nicht, nein, das wolle sie nicht.

»Und wann sehen wir uns?«, fragte er.

»Keine Ahnung.«

»Das ist schlecht«, murmelte er, und sie gab einen Seufzer von sich, sagte, sie habe Verpflichtungen der Firma gegenüber und trage Verantwortung, könne nicht alles stehen lassen, um sich zu unterhalten, das müsse er wissen, das müsse er doch einsehen. Ja, er werde zu dem Fest allein gehen, sagte er.

Die Bar war voll besetzt, junge Menschen standen oder saßen herum, überall, wo man hinsah. Umberto freute sich, als er ihn sah, und strahlend führte er ihn zu ihren Arbeitskolleginnen. Ob er heute auch frei gehabt habe, fragte Sara Domenico, und er bejahte, plauderte dann mit ihr und mit den anderen, sah tanzenden Mädchen und Buben zu. Da sprach Jacqueline ihn an, und er begrüßte sie, wandte sich ihr ganz zu. Er habe gedacht, sagte er, sie werde nicht mehr kommen, und sie erzählte, wie anstrengend ihr Arbeitstag gewesen war. Kaum aber hatte sie ein Glas Wein getrunken, fühlte sie sich unwohl, musste an die frische Luft, wollte schnell hinaus.

»Geht es dir schon besser?«, fragte er dann, als sie auf einer Bank saßen.

»Ja.«

»Wirklich?«

»Ich habe mich mit meiner Mama gestritten.«

»Warum habt ihr euch gestritten?«

»Sie hat wieder so getan, als wäre bei ihr alles in Ordnung. Doch es geht ihr nicht gut. Sie ist mit Davide unglücklich. Und sie hat Heimweh.«

»Hat sie das gesagt?«

»Natürlich nicht, aber ich weiß es.«

»Und du? Hast du Heimweh? Erinnerst du dich oft an Menton?«

»Schon, und ich schäme mich nicht dafür, ich gebe es zu.«

»Und woran erinnerst du dich am liebsten?«

»An die Altstadt, wo ich aufgewachsen bin. An den Strand mit der Promenade. An das Cap-Martin.«

»Das verstehe ich.«

»Also wenn du die Wahrheit sagst, dann bist du der Erste, der mich versteht.«

»In Erinnerungen liegt auch viel Trauriges, aber kannst du dir vorstellen, ohne sie zu leben?«

»Nein.«

»Ich möchte, dass du mir was von Menton erzählst. Aber auf Französisch.«

Sie öffnete die Tür, senkte den Blick und ließ ihn hereintreten. Er wartete, bis sie die Tür schloss, dann nahm er sie in die Arme.

»Sag doch etwas«, flüsterte er, auf Französisch.

»Ich kann das nicht«, sagte sie, ging ins Zimmer und legte sich ins Bett. Er legte sich zu ihr, und in die Klänge französischer Musik getaucht betrachtete er die Kopien der Bilder von Jean Cocteau, die an den Wänden hingen. Das Handy läutete, und Jacqueline sprang aus dem Bett, um nachzusehen, wer anrief.

»Wer war das?«, fragte er, nachdem sie das Handy abgelegt hatte.

»Wieder Pietro.«

»Lass uns hinausgehen.«

»Und wenn uns jemand sieht?«

Erst draußen in der Gasse gelang es ihm, sie zu beruhigen, und als er vor dem Schaufenster eines Bekleidungsgeschäfts stehen blieb, spielte ein Lächeln um ihre Lippen. Der Rock sei wunderbar, sagte er. Ob er nicht zu kurz sei, ob die schwarze Farbe ihr stehen würde? Sehr sogar, und die Strumpfhose und das Hemd seien auch schön. Sie sei sich nie sicher, sagte sie, doch als sie wenig später aus der Umkleidekabine trat, fragte sie, ob sie die Sachen gleich anbehalten solle. Unbedingt, antwortete er und ging zur Kasse, um zu bezahlen.

Der Geruch nach Essen lockte sie in ein Restaurant. Sie aßen langsam und viel, und nach Anbruch der Dunkelheit wechselten sie in eine Bar.

»Sei nicht so, ich will, dass du lachst«, sagte er, als sie still wurde.

»Ich denke nach.«

»Aber ich will nicht, dass du nachdenkst«, sagte er, und sie lachte auf.

»Das wollen viele Männer von uns Frauen nicht.«
»Das stimmt nicht«, hielt er ihr entgegen, doch sie unterbrach ihn, nahm seine Hand und sagte, sie wolle tanzen.

Ihr Bein, das auf seinem Bauch lag, bewegte sich leicht, und sie flüsterte, er müsse los. Ja, murmelte er, und ihr entzückend kleiner Busen drückte sich gegen seine Brust. Er gab ihr einen Kuss, stieg aus dem Bett und sagte, er komme gleich nach der Arbeit zu ihr, dann eilte er nach Hause, zog sich um und lief hinaus.

Auch an der Kasse dachte er an sie, immer wieder erinnerte er sich an die Nacht in der Bar. Einmal weckten die Kolleginnen seine Aufmerksamkeit, als sie sich über die Geburtstagsfeier unterhielten, und kurz vor seinem Dienstschluss überraschte Patrizia ihn, die hereinkam.

»Wir sind zu Gianna eingeladen«, sagte sie, und als sie hinaus auf die Straße kamen, fragte sie, ob alles in Ordnung sei. Ja, antwortete er, und sie lächelte, erzählte dann von Gianna, erzählte über Probleme, die Gianna mit den Eltern ihres Freundes hatte. Sie fuhren bis an den Stadtrand, und dort betraten sie ein hohes Haus. Gianna wartete an der Wohnungstür, und im Wohnzimmer begrüßte sie Edoardo, ihr Freund. Bei Tisch erzählte Gianna von dem neuen Haus, das ihre Eltern auf dem Land gekauft hatten, und nach dem Essen beklagte sie sich darüber, dass sie sich mit Edoardos Eltern gestritten hatte. Als die Flasche Wein leer wurde, dachten die Frauen an ihre Kindheit zurück, und vom Balkon aus zeigten sie, wo sich einst ihre Spielplätze befunden hatten. Die meisten Häuser um sie herum waren bereits dunkel, auch Patrizias Eltern schon schlafen gegangen, doch die Hauptstraße leuchtete wie am Tag, unablässig belebte sie die Nacht.

»Warum bist du so still?«, fragte Patrizia Domenico, nachdem Gianna und Edoardo zurück ins Wohnzimmer gegangen waren.

»Ich bin etwas müde«, antwortete er.

»Möchtest du nach Hause?«

»Ja.«

»Ich werde auch schon schlafen gehen. Ich meine, ich bleibe zu Hause, denn ich muss morgen zeitig aufstehen.«

Als sie auf die Via XX Settembre kamen, blieb Jacqueline stehen und wartete, bis er das McDonald's betrat, danach folgte sie ihm. Und bei Dienstschluss wartete sie, bis er das McDonald's verließ, dann erst schloss sie ihre Kasse, dann erst ging sie hinaus. Sie fuhren nach Granarolo hinauf, und beim Anblick der Stadt schmiegten sie sich aneinander. Er hatte sie um die Schultern gefasst, und sie erzählte, wie sie früher manchmal hierhergefahren war, wenn sie sich mit ihrem Stiefvater gestritten hatte. Ob sie sich von Anfang an nicht verstanden hätten, fragte er. Ja, Davide habe gleich gemerkt, dass sie ihn nicht leiden könne. Sie habe nämlich gewusst, dass ihre Mama sich auf diesen Mann niemals werde verlassen können, habe es geahnt, dass ihre Mama eines Tages unglücklich sein werde. Leider habe sie bald auch mit der Mama gestritten, seinetwegen, habe seinetwegen mit der Mama streiten müssen. Er betrüge ihre Mama. Er trinke. Auch geschlagen habe er schon ihre Mama.

»Wo arbeiten sie?«

»In einer kleinen Autowerkstatt.«

»Und was machen sie dort?«

»Er ist der Chef, und meine Mama macht ihm die Büroarbeit«, antwortete sie, und beide setzten sich ins

Gras. Er erzählte von seiner Mutter, dann legte er seinen Kopf auf ihren Schoß und schloss die Augen. Als er die Augen wieder öffnete, sah er, wie sie in die Ferne starrte. Sie bemerkte seinen Blick, lächelte und fragte, was er denn Schönes geträumt habe. Wieso sie glaube, sein Traum sei schön gewesen? Weil es hier nur schöne Träume gebe, antwortete sie mit einer Nachsicht, die einem Kind hätte gelten können.

Sein Handy läutete, und Patrizia fragte, wann er morgen Schluss habe. Er sei erkältet, log er, und die Türglocke ging. Augenblick, sagte er, steckte das Handy in seine Hosentasche und machte die Tür auf. Jacqueline fragte, ob das Frühstück schon fertig sei, und wieder läutete sein Handy. Klar, antwortete er und setzte das Handy ans Ohr. Wunderbar, sagte Jacqueline.

»Ist das Jacqueline?«, fragte Patrizia. Ja, sie habe ihm die Adresse von einem guten Arzt gebracht, antwortete er und ging ins Zimmer. Das sei aber nett von ihr, sagte Patrizia, und Jacqueline trat an die Tür.

»Sie wartet, ich ruf dich später an«, sagte er und schaltete das Handy aus.

»Ich habe Angst um dich«, sagte Jacqueline.

»Wieso? Was hast du denn?«

»Pietro hat mir wieder eine SMS geschickt.«

»Um mich brauchst du keine Angst zu haben.«

»Ich habe als Kind einmal gesehen, wie mein Vater von Männern zusammengeschlagen wurde. Ich war gerade draußen, habe kurz zugeschaut und rannte nach Hause. Ich habe es meiner Mama erzählt, und dabei habe ich geweint, aber sie war so komisch.«

»Wie komisch?«

»Später habe ich von ihr erfahren, dass er eine Affäre mit der Freundin eines der Männer hatte, und ich habe ihn dafür gehasst.«

Die Eingangstür ging auf, und Patrizia trat herein. Er sah sie überrascht an und kam auf sie zu. Sie sei zufällig vorbeigegangen, habe ihn durchs Fenster gesehen, sagte sie und fragte sogleich, warum er nicht zu Hause im Bett liege, wenn er erkältet sei. Weil er Angst habe, er könne den Job verlieren, wenn er krank sei, antwortete er, und sie winkte Jacqueline zum Gruß. Ob es ihm schon besser gehe, fragte sie, und er bejahte.

»Ich muss jetzt wieder gehen, aber nach der Arbeit komme ich zu dir«, sagte sie und eilte hinaus, und er blickte zu den Kassen, sah, wie Jacqueline zur Toilette ging. Es dauerte, bis sie endlich zurückkam, doch schaute sie ihn nur ein Mal an, ehe sie ihm den Rücken zukehrte. Und verschlossen blieb sie bis zum Abend, war still auch auf dem Heimweg, schwieg noch an seiner Wohnungstür. Er werde es Patrizia sagen, versprach er, doch sie drehte sich um und lief die Treppe hinauf. Kaum hatte er die Wohnung betreten, läutete schon sein Handy, und seine Mutter fragte, warum er sich denn nicht melde. Er habe viel zu tun, antwortete er. Ob er nicht wenigstens eine SMS schicken könne, sagte sie. Er warte, bis er Urlaub bekomme, dann komme er nach Turin, dann komme er sie besuchen. Er könne an seinem freien Tag kommen, nach Turin sei es ja nicht so weit, meinte sie, und er fragte, ob in der Bar alles in Ordnung sei.

»Alle fragen nach dir. Du klingst aber so unruhig.«

»Kann ich dich später zurückrufen? Ich muss dringend etwas erledigen.«

»Ja«, antwortete sie, und er wählte Patrizias Nummer.

Als sie das Friedhofstor passierten, ließ der Anblick der alten Statuen ihn innehalten. Jacqueline erzählte über Gräber berühmter Personen, und immer wieder kam sie zum Stehen. Dann nahmen sie eine Treppe und stiegen nach unten, und ein Labyrinth öffnete sich ihren Augen, so erstaunlich groß, dessen Wände unzählige Namen trugen, mit Farben kleiner Blumen spielten.

Wieder draußen, setzte Jacqueline sich auf die Umrandung eines Grabs. Er setzte sich zu ihr, und sie legte ihren Kopf auf seine Schulter. Sie habe sich den Friedhof gleich an ihren ersten Tagen in Genua angeschaut und sei dann oft hierhergekommen, doch erzählt habe sie davon niemanden.

»Möchtest du, dass ich dir mehr von dem Friedhof zeige?«

»Ja«, antwortete er, und sie führte ihn tief in den Friedhof hinein.

»Ich möchte zurück nach Menton, mit dir zusammen«, sagte sie in sein Ohr, als sie auf seinem Schoß saß, und er sah die Statue eines Kindes an, die am nächsten Grab stand.

3

Sie stieg in den Fond, setzte sich zu Paulette, ihrer Tante, und erzählte von dem letzten Streit, den sie mit ihrer Mutter hatte. Er betrachtete unbeteiligt die Straßen, schwieg, und dabei kam ihm die Erinnerung daran, wie ihre Mutter am Bahnsteig gestanden war, ihnen zum Abschied gewunken hatte.

»Deine Mutter wird sich wieder beruhigen«, sagte Paulette.

»Sie soll auch zurück nach Menton kommen«, sagte Jacqueline, und Paulette strich ihr über die Hand. Der Garten Biovès erschien, wunderbar mit Frühlingsfarben geschmückt, und im Hinterland erhoben sich Berge. Das Taxi fuhr auf die Altstadt zu, und das Meer lag schon ganz nah, azurblau kam jede seiner Wellen. In einer kleinen Einkaufsstraße hielt der Fahrer, und Jacqueline sagte zu Domenico, sie seien zu Hause.

Die Wohnung war renoviert, jedes ihrer beiden Zimmer rein, auch die Küche neu. Jacqueline bedankte sich noch einmal bei Paulette, und unter freudiger Aufregung übergab sie ihr die Halskette mit Ohrringen, die sie gemeinsam mit Domenico in Genua gekauft hatte.

»Jetzt gehen wir aber zu mir«, sagte Paulette. »Seid ihr denn gar nicht hungrig?«

»Ein bisschen schon«, antwortete Jacqueline, ehe sie hinausgingen. Bald betraten sie dann die Altstadt, und als Paulette ihre Tür öffnete, wurde Jacqueline von Unruhe erfasst.

»Die Möbel habe ich vor zwei Jahren gekauft«, sagte Paulette im Wohnzimmer. »Ich konnte die alten Sachen nicht mehr anschauen. Ach, unlängst habe ich mich daran erinnert, wie du hier als kleines Mädchen gespielt hast, wie du über die Treppe gelaufen bist. Die Zeit vergeht so schnell.«

»Das stimmt«, sagte Jacqueline, stieg die Treppe hinauf und betrat das erste der zwei Zimmer. Domenico folgte ihr, fragte, ob es ihr Zimmer gewesen sei. Sie bejahte und sah durchs Fenster nach draußen. Er kam zu ihr, und sein Blick glitt über die Strandpromenade, verharrte schließlich auf dem Meer.

Der Tisch war schon gedeckt, als sie ins Wohnzimmer zurückkehrten. Paulette wartete, bis sie Platz nahmen, dann setzte sie sich und fragte, was sie in den nächsten Tagen vorhätten.

»Ich möchte Domenico die Stadt zeigen, und dann müssen wir Arbeit suchen.«

»Ich habe bei allen meinen Bekannten nachgefragt, aber es ist derzeit keine Stelle frei.«

»Wir werden schon etwas finden«, meinte Jacqueline.

»Sprecht ihr miteinander nur französisch?«

»Schon seit einigen Tagen«, antwortete Jacqueline, und Paulette fragte Domenico, wo er so gut Französisch gelernt habe. Er antwortete und bemerkte, sein Französisch sei jetzt besser geworden, und sie erzählte, wie sie voriges Jahr in Turin gewesen war.

Es dunkelte bereits, als sie von Paulette Abschied nahmen. Sie gingen auf die Strandpromenade, setzten sich aufs Geländer und betrachteten die Altstadt, die herrlich leuchtete. Hier sei sie oft mit ihren Freundinnen gesessen, sagte Jacqueline, und er fragte, wie lang ihre Tante schon geschieden sei. Fast zehn Jahre schon.

»Hat sie seitdem keinen Freund gehabt?«

»Sie meint, sie hat den richtigen Mann noch nicht gefunden«, antwortete Jacqueline, lief an den Strand und hockte sich hin, tauchte ihre Hände ins Wasser. Er ging ihr nach, hockte sich zu ihr, und sie fragte, ob er sich auch so sehr auf den Sommer freue. Ja, antwortete er.

Er nahm das Handy und trat ans Fenster. Die Türen der Geschäfte gingen auf und zu, Menschen eilten oder schlenderten an Schaufenstern vorbei, zwei Lieferwagen bildeten auf der Straße ein Verkehrshindernis.
»Woher rufst du denn an?«, fragte seine Mutter.
»Ich habe eine neue Nummer. Ich wohne jetzt in Menton.«
»Habe ich richtig gehört?«, fragte sie, und Jacqueline legte ihre Arme um seine Brust. Sie wartete, bis er das Handy ausschaltete, dann erwachten ihre Arme wieder. Was seine Mama erzählt habe, fragte sie. Er antwortete, und sie sagte, sie wolle in ein Möbelgeschäft schauen. Ihr Handy läutete, und sie ließ ihn los, lief ins Schlafzimmer.
»Es war Laeticia, ihre Kollegin hat gekündigt, und ich soll morgen zum Vorstellungsgespräch kommen«, sagte sie, als sie zurückkam.

Auch draußen auf der Straße sprach sie über die Nachricht, und ihre Stimme bebte vor lauter Begeisterung. Sie habe gewusst, dass sie sich auf Laeticia verlassen könne, sagte sie noch, bevor sie das Möbelgeschäft betrat, und ein leises Gekicher kam durch ihre Lippen. Ob sie ihm gefalle, fragte sie dann, als sie vor einer Sitzgarnitur stehen blieb.
»Hast du den Preis gesehen?«
»Ich habe Geld von meiner Mama bekommen. Und jetzt, wo ich im Fremdenverkehrsbüro arbeite, können wir uns das leisten.«

Als er in den Garten Biovès kam, versteckte er sich hinter einem Baum, dann sah er zu dem großen Fenster des Fremdenverkehrsbüros. Sie stand mit Laeticia vor einem Computer, in einem schlicht möblierten Raum, der im dünnen Schatten lag. Langsam drehte er sich um, sah zu den Bergen im Hinterland, und die Erinnerung an Turin stieg in ihm auf. Als er sich dann zu dem Büro zurückdrehte, sah er, wie Jacqueline aus dem Haus trat, gedankenverloren über den Gehsteig schritt. Da sah er ihre Augen. Sie lächelte und hielt an, wartete, bis er zu ihr kam, wartete, bis auch er lächelte. Nächste Woche fange sie im Büro an, teilte sie ihm mit, und sogleich berichtete sie von dem Vorstellungsgespräch. Sie führte ihn in die Altstadt, schließlich zu den Friedhöfen hinauf, und ihre Augen funkelten vor Freude. Endlich, sagte sie dann, als sie auf dem ersten Friedhof stehen blieb, und das Gesicht ernst, sah sie zu den Gassen hinunter, die, gewunden und gleichsam verspielt, zwischen pastellfarbenen Häusern liefen.

»So viele fremde Namen gibt es hier«, sagte er.

»Alle sind in Menton geblieben, für immer geblieben, selbst diejenigen, die sich hier anfangs fremd gefühlt haben.«

»Lass uns weitergehen«, sagte er, und sie wies auf ein Grab.

»Dort habe ich mir einmal die Hand gebrochen. Ich war mit Laeticia hier. Wir haben gelacht und machten uns über einige der Namen lustig, dann sprangen wir über die Gräber. Ich bin auf einer Grabkante ausgerutscht. Laeticia hat sich um mich gekümmert, ging mit mir zum Arzt und blieb bis zum Abend bei mir. Dann hat sie jeden Tag angerufen oder hat mich besucht. So eine Freundin habe ich in Genua nicht gehabt.«

»Im Sommer muss es hier ziemlich heiß sein.«

»Das stimmt. Laeticia verbrannte sich hier einmal den Rücken.«

»Und du nicht?«

»Nein. Ich habe mein T-Shirt angelassen, weil ich am Tag davor am Strand lag. Und ... und auch deswegen, weil ich fast keinen Busen hatte.«

»Hast du dich etwa geschämt? Vor deiner besten Freundin?«, lachte er, und da gewahrte er einen kleinen Hund, der an einer Grabreihe vorbeitrottete. Auch Jacqueline sah ihn.

»Der Arme«, sagte sie.

»Ich glaube, der ist schon alt«, sagte er, und sie erzählte, wie sie einmal am Strand einen alten Hund gesehen hatte, der blind gewesen war. Er habe ihr so leidgetan, bemerkte sie, und er blickte in die Ferne des Meeres. Es sei wirklich schön hier, murmelte er, und sie sagte, sie könne sich noch an so viele Namen erinnern.

»Und deine Großeltern? Wo liegen die?«

»Ihre Namen findet man hier nicht. Sie wollten nämlich ins Meer. So bestattete mein Opa meine Oma, und so bestattete dann meine Mama meinen Opa.«

»Möchtest du auch im Meer bestattet werden?«

»Darüber habe ich schon nachgedacht, aber ich weiß es immer noch nicht. Und du?«

»Ich glaube, mir ist es egal.«

»Solltest du als Erster sterben, so lasse ich dich verbrennen. Und deine Asche werde ich behalten.«

Er stellte den neuen Schrank an die Wand gegenüber dem Fenster, so wie Jacqueline es sich wünscht, danach gingen sie nach draußen. Sie spazierten am Wasser entlang, und als sie nach Cap-Martin kamen, blickten sie zu den Bergen im Hinterland. Hier in der Nähe sei Le Corbusier ertrunken, sagte Jacqueline dann auf dem schmalen Weg, der sie zur Landspitze führte. Dort setzten sie sich auf einen Stein, sahen aufs Meer.

»Man darf sich nicht umdrehen, denn nur so bekommt man das Gefühl, am Ende der Welt zu sein«, sagte Jacqueline. Er blickte sie von der Seite an, dann sah er in die Ferne, auf Monaco, das mit seinen Hochhäusern glänzte, in Licht der untergehenden Sonne getaucht war.

»Schön«, sagte er leise.

»Übrigens, Laeticia hat mich gefragt, ob wir Lust hätten, morgen nach Èze Village zu fahren. Mit Claire und ihrem Freund Antoine. Von Èze Village aus gibt es den besten Ausblick an der ganzen Côte d'Azur.«

»Wer sind Claire und Antoine?«

»Die kenne ich schon aus der Kindheit.«

»Und was machen sie?«

»Sie arbeiten in einem Hotel.«

»Hat Laeticia keinen Freund?«

»Nein, sie hat schlechte Erfahrungen mit Männern gemacht.«

4

Schon im Vorzimmer begrüßten die Mütter sie, auf Italienisch, lachten und sagten, bei ihnen sei es gestern spät geworden.

»Ihr wolltet doch schlafen gehen«, sagte Jacqueline. Ja, aber es habe sich dann geändert, sagte ihre Mutter und sah Domenicos Mutter an. Als sie alle das Wohnzimmer betraten, fragte Domenico Fulvio, wo er denn in der Nacht gewesen sei. Er habe gefeiert, antwortete Fulvio, auf Französisch, und wandte sich Paulette zu, um ihr das Tablett mit dem Essen abzunehmen. Sie seien in die Bar zurückgekehrt, sagte Paulette, und danach setzten sich alle an den Tisch. Nach dem Essen, als man auf Turin zu sprechen kam, ging Jacqueline mit ihrer Mutter nach oben. Und als sie zurückkamen, fragte Paulette sie, ob sie Kaffee trinken würden.

»Wir schauen kurz hinaus«, antwortete Jacqueline, und noch bevor sie das Wohnzimmer verlassen konnten, fragte Domenico seine Mutter, ob sie vielleicht auch nach draußen möchte. Nein, erwiderte sie, und er fragte, ob sie wirklich schon morgen abreisen müssten.

»Leider«, mischte Fulvio sich ein. »Und? Wie fühlst du dich als Ehemann?«

»Hör auf«, murmelte Domenico, und seine Mutter sah ihn an, strich über seine Hand und sagte, es sei eine schöne Hochzeit gewesen.

Im Park Pian rannte Jacqueline plötzlich los. Unter einem alten Olivenbaum drehte sie sich um und rief, er möge sich beeilen, dann zog sie einen Ast an ihre Nase, roch daran und ließ ihn ihre Wange streicheln. Der sei aber wunderbar, sagte Domenico, die Augen auf den Baum gerichtet.

»Der wird auch uns überleben«, bemerkte Jacqueline, und danach gingen sie weiter. Wie friedlich der Park sei, sagte er. Ja, aber nicht immer. Schade, murmelte er. Hier habe sie einige Male gelesen, sagte sie und fragte, ob er auch Schule geschwänzt habe. Manchmal, antwortete er.

»Es ist unglaublich, aber man hat mir jedes Mal geglaubt, ich wäre krank gewesen«, sagte sie und erzählte, bevor sie auf die Straße zurückkehrten. »Den Rest des Parks kannst du dir allein anschauen. Wenn dir zum Beispiel langweilig ist, dann kannst du hier lesen. Vielleicht gleich morgen? Ich hole dich nach der Arbeit ab.«

»Ich habe doch Wichtigeres zu tun, als mich in Parks herumzutreiben. Gehen wir nicht in die falsche Richtung?«

»Was hast du denn so Wichtiges zu tun?«

»Ich brauche dringend einen Job.«

»Ich verdiene doch genug für uns beide.«

»Das glaube ich nicht.«

»Ich möchte im Sommer nach Turin.«

»Was?«

»Ich möchte mir die Stadt anschauen, und deine Mama braucht uns, sie leidet darunter, dass du fort bist.«

»Du solltest dich eher um deine Tante kümmern. Ich glaube, die verheimlicht uns etwas.«

»Jetzt lass Tante Paulette in Ruhe«, sagte sie und wies auf eine Pforte, wo Keramikportraits von Balzac, Cervantes und Dickens prangten. Das sei Fontana Rosa, sagte sie und führte ihn zu einer kleinen Mauer. Ob man hinein dürfe, fragte er. Nur mit einer Führung, wenn man sich vorher angemeldet habe. Aber sie sei trotzdem schon drinnen gewesen, ganz allein, setzte sie hinzu, und er merkte, wie sie ihn von der Seite ansah.

»Vergiss es, ich gehe sicher nicht hinein«, sagte er, und sie wandte sich wieder dem Garten zu. Er blickte zum nächsten Baum, der einen singenden Vogel versteckt hatte, und da hörte er ihr Gekicher, sah, wie sie in den Garten sprang. Er sprang ihr hinterher, fing sie und hob sie hoch, trug sie zurück.

»Wenn wir schon hier sind, sollten wir uns den Garten doch anschauen!«, rief sie, und auf der Straße versetzte sie ihm einen Klaps auf den Rücken, fragte, warum sie nicht in dem Garten geblieben seien. Weil sie sich ihn ein andermal ansehen würden, gab er zur Antwort, und danach bat er sie, ihm über den Garten zu erzählen. Sie erzählte, doch in der Altstadt äußerte sie plötzlich den Wunsch, ihre Tante zu besuchen, und als sie dann an Paulettes Tür anläutete, lächelte sie vor Freude. Paulette öffnete und sah sie überrascht an, lud sie herein und drehte ihnen den Rücken zu, sagte, sie hole etwas zu trinken. Jacqueline stutzte, und einen Augenblick lang zögerte sie, ehe sie ihr in die Küche folgte. Auch Domenico wurde ernst, und schleichend trat er an die Küchentür. Paulette weinte leise, und Jacqueline fragte sie, ob es wegen Fulvio sei.

»Möchtest du lieber allein sein?«

»Ja.«

Am Vormittag kam Jacqueline plötzlich nach Hause, drückte die Tür zu und ging in die Küche. Sie sei beim Arzt gewesen, sagte sie, als er sie ansah. Wieso?, fragte er.

»Ich bin schwanger«, antwortete sie, und er nahm sie in die Arme. »Heißt das, du freust dich darüber genauso wie ich?«

»Hast du geglaubt, ich würde mich darüber weniger freuen als du?«

»Kann ich am Abend meine Tante zu uns einladen? Also meine Tante und Fulvio, denn er ist übers Wochenende wieder bei ihr.«

»Klar. Hättest du Lust, noch einmal nach draußen zu gehen?«

»Und hättest du Lust, in ein Museum zu schauen?«

»Schon.«

»Ich rufe aber noch meine Tante an.«

Das Museum im Palais Carnolès war menschenleer. Jacqueline fand es so herrlich wie vor Jahren, als sie es zum ersten Mal, damals mit ihrer Tante, besucht hatte. An viele Gemälde konnte sie sich noch erinnern, wollte sich über ihre Motive unterhalten, jeden Raum im Museum betreten.

Im Garten um das Palais war der nahende Sommer schon spürbar, die Sonne warm, und die Luft duftete nach Blüten. Jacqueline freute sich über jede Skulptur, die sie fand, und im Schatten eines Zitronenbaums drückte sie Domenico auf eine Bank nieder. Ob er schon wisse, wie ihr Kind heißen werde, fragte sie. Falls es ein Mädchen sein werde, dann solle es Jacqueline heißen, und den Namen für einen Buben müsse sie auswählen, antwortete er, und ihr Handy läutete. Claire war dran. Einen Job in einer Bar?, fragte Jacqueline.

Ob er heute schon bleiben könne, fragte Léonard, der Barinhaber, nachdem er Domenico die Bar gezeigt hatte, und eine rothaarige Frau kam herein.

»Das ist Véronique, deine Kollegin«, sagte er noch, bevor er sich verabschiedete. Die Bar sei klein, aber manchmal sei es hier stressig, sagte Véronique an der Theke, und er fragte, wie lange sie hier schon arbeite. Seit ungefähr sieben Jahren, antwortete sie, und drei Männer betraten die Bar, grüßten und nahmen Platz an einem Tisch. Das seien Stammgäste, sagte Véronique, und er nahm von den Männern die Bestellung entgegen. Jacqueline rief an, sie fragte, wann er nach Hause komme, und er antwortete, dass er das nicht wisse. Sie werde auf ihn warten, sagte sie noch und verabschiedete sich.

»Du kannst schon heimgehen, wenn du magst«, sagte Véronique.

»Nein, ich bleibe.«

»Ich bin es gewöhnt, allein zu sein. Didier war nämlich in den vergangenen Wochen selten hier.«

»Warum hat er gekündigt?«

»Weil er nach Monaco gezogen ist. Ihr habt eine Bar in Turin, habe ich gehört.«

»Ja«, antwortete er, und die nächsten Gäste kamen. Er bediente sie, dann unterhielt er sich wieder mit Véronique, und als alle Tische besetzt waren, blieb er an der Theke stehen. Véronique plauderte mit Gästen, und er fühlte sich an seine Mutter erinnert. Da fragte ein Mann ihn, wo er herkomme. Er heiße Jules, sagte der Mann, und danach erzählte er, wie er einmal in Turin gewesen war.

Kurz vor dem Schließen, schon waren die meisten Gäste gegangen, betrat ein angetrunkener Mann die Bar, er sah Véronique an und steuerte auf sie zu. Sie drehte sich um und ging ins Büro, er folgte ihr nach. Das sei ihr Mann, sagte Jules. Sie sei mit ihm aber unglücklich, fügte er hinzu, und Domenico sah ihn an. Warum sie mit ihm unglücklich sei? Weil er sie betrüge.

Er konnte gerade die ersten Getränke aus dem Lager holen, und Véronique rief schon an. Sie werde kommen, falls er Hilfe brauche, sagte sie.

»Ich bin schon eine Woche hier, aber einen so ruhigen Abend habe ich noch nicht erlebt.«

»Warte ab.«

»Genieße deinen freien Tag«, sagte er, und ein altes Paar trat herein. Er brachte ihnen den bestellten Kaffee, und der Mann fragte, wie lange er schon in Menton lebe.

»Seit Kurzem erst.«

»Ich bin auch Italiener. Aber ich lebe schon lange in Nizza.«

»Hier in Menton haben wir uns kennengelernt«, sagte die Frau, und eine Gruppe junger Menschen kam in die Bar. Domenico bediente sie und unterhielt sich mit ihnen, und als er zur Theke zurückkehrte, begrüßte Laeticia ihn, die mit einer Freundin hereintrat.

»Ich bin Danielle«, sagte ihre Freundin, als sie am Barhocker Platz nahm. Die nächsten Gäste kamen, und alle Tische füllten sich. Jules setzte sich auf den letzten freien Barhocker und plauderte mit Danielle, und Laeticia fragte Domenico, wie er die Bar finde. Er finde die Bar nett, antwortete er, und sie begann, von den Stammgästen zu erzählen, die an den Tischen saßen.

Jacquelines Mutter lächelte vor Glück, als sie aus dem Zug stieg. Sie strich Jacqueline übers Haar, berührte zärtlich ihren Bauch, dann nahm sie aus ihrer Tasche ein rosarotes Babyhemdchen. Sie hatte noch mehr Babysachen mit, und sie gestand, davon geträumt zu haben, wie sie in Menton spazieren gegangen war, einen Kinderwagen durch die Straßen geschoben hatte. Auf dem Weg zu

Paulette stellte sie eine Frage nach der anderen, vor Aufregung war ihre Stimme durchdringend, doch an der Tür verstummte sie.

»Das Boot wartet schon!«, rief Fulvio, auf Französisch, nachdem Paulette sie begrüßt hatte. »Wir fahren alle aufs Meer hinaus.«

»Mit einem Boot?«, murmelte Domenico. Ja, Paulette habe es ausgeborgt, sagte Fulvio noch, und kaum hatte er das Essen auf den Tisch gestellt, schon unterhielt er alle mit den neuesten Geschichten, die er als Taxifahrer von seinen Kunden gehört hatte. Danach gingen sie zum Hafen. Fulvio stieg als Erster auf das Boot, stellte die Kühlbox mit Getränken ab und startete den Motor. Paulette übernahm das Steuer, und Jacquelines Mutter rief, so sei sie mit ihrem ersten Mann auch hier gefahren. Jacqueline blickte nach Menton, das immer kleiner wurde, und traurig sagte sie, sie werde in diesem Jahr auf das Baden wohl verzichten müssen.

»Ich bitte dich, es ist vielleicht die schönste Zeit deines Lebens«, sagte ihre Mutter, und Paulette schaltete den Motor ab, nahm aus der Kühlbox eine Flasche Wein und rief, Fulvio werde nach Menton ziehen.

5

Der Wohnungsvermieter, mager und vom hohen Alter gezeichnet, wartete schon vor dem Haus, er grüßte und fragte Domenico, ob er kein Heimweh habe. Menton liege ja so nah, antwortete Domenico ausweichend, und als er mit Jacqueline allein blieb, fragte er, wie sie Apricale finde. Es sei schön, aber leben würde sie hier nicht wollen, antwortete sie. Komm, sagte er und ging hinaus, führte sie dann zu jenem Weg, der in die Tiefe des Tals hinunterlief. Es sei furchtbar heiß, und hier gebe es bestimmt Schlangen, jammerte sie schon am Anfang des Weges, doch vor der uralten Brücke hörte sie damit auf. Er nahm ihre Hand, trat ans Wasser und entblößte ihre Schulter. Und als sie später aus dem Wasser stiegen, legten sie sich in den Schatten. Zurück im Dorf, spazierten sie durch Gassen, und dann setzten sie sich in einen der Gastgärten auf dem Hauptplatz.

Nach dem Essen, der Himmel hatte seine Tagesfarbe bereits abgelegt, erstrahlte der Platz in all seinen Lichtern, und Domenico erzählte von den Theaterabenden, die es jeden Sommer hier gab. An den Nachbartisch hatten sich zwei junge Paare gesetzt, sie scherzten und waren laut, und einer der Männer sagte zu der Kellnerin, sie würden den Geburtstag seiner Freundin feiern. Jacqueline ging zur Toilette, und der Mann fragte Domenico, wie die Gegend heiße, wo es kleine Wasserfälle geben solle. Domenico antwortete und beschrieb ihm sogleich den Weg, und der Mann stellte sich ihm vor, er hieß Renato. Als Jacqueline wieder am Tisch Platz nahm, hörte sie, wie Domenico zu Renato sagte, dass sie aus Menton kämen. Dort seien sie gestern gewesen, sagte Renato, und Jacqueline nahm ihr Glas. Da fragte Renatos Freundin sie, ob es ein Mädchen oder ein Bub sein werde. Ein Mädchen, antwortete Jacqueline, und die Frau setzte sich zu ihr, sagte, sie habe eine Tochter, habe heute mit ihr telefoniert. Wie alt ihre Tochter sei? Drei, sie heiße Bianca, und jetzt sei sie in Rom, bei ihrer Oma. Bianca habe sich bestimmt über den Anruf gefreut, sagte Jacqueline, und die zweite Frau setzte sich zu ihnen, auch die Männer rückten zueinander. Jacqueline unterhielt sich und fühlte sich wohl, doch wurde sie bald müde, wollte schlafen gehen. Domenico trank noch aus, und als sie in die nächste Gasse kamen, fragte er, was die Frauen alles erzählt hätten. Renato sei nicht Biancas Vater, antwortete Jacqueline.

Er saß schon auf der Terrasse, als sie erwachte. Sie kam zu ihm, setzte sich und fragte, was er heute vorhabe. Er äußerte den Wunsch, weiter hinaufzufahren, sie würden sich das nächste Dorf anschauen, und wieder wanderte sein Blick über die Landschaft, die voll Sonnenstrahlen war.

Es wurde bereits Nachmittag, als sie dann in Bajardo ankamen, und Jacqueline sah zu ein paar Buben und Mädchen hinüber, die vor einem Haus standen.

»Glaubst du, dass sie hier leben?«, fragte sie. »Oder sind sie nur zu Besuch hier?«

»Keine Ahnung, aber ich würde hier gern leben«, antwortete er, und die Straße zum historischen Ortskern erschien vor ihren Augen. Breit und dem Himmel geöffnet, lag die Straße frei von Schatten und kühlen Ecken, ihre Farben waren verblasst wie die Splitter alter Erinnerung, wohltuender Frieden lag in ihrem Licht. Langsam kamen sie zu den uralten Gassen des Dorfes, stiegen zur Kirchenruine hinauf, und als sie auf der Alpenterrasse Platz nahmen, verharrten sie schweigend. Es sei so düster hier, sagte Jacqueline, als sie das Dach eines Hauses bemerkte, das in der grünen Tiefe stand.

»Ist das nicht herrlich«, sagte Domenico, die Augen auf die Berge gerichtet, die zum Himmel ragten.

»Ich will nach Hause.«

Die Beine übereinandergeschlagen, saß sie im Sessel und telefonierte. Sie trug ihr neues Kleid, das ganz lang war und die Farbe einer Olive hatte, und auf dem Boden stand eine Tasche.

»Stell dir vor, meine Mama geht mit Philippe essen«, teilte sie Domenico mit, nachdem sie sich von ihrer Mutter verabschiedet hatte.

»Wer ist bitte Philippe?«

»Philippe war ihre erste Liebe.«

»Na und?«

»Du bist wieder so komisch. Aber das Meer wird dir guttun.«

»Vielleicht.«

»Ich bin schon fertig, wir können gehen«, sagte sie wenig später, und er öffnete die Wohnungstür. An der Promenade erzählte sie, wie ihre Mutter sich über Davide lustig gemacht hatte, doch am Cap-Martin hörte sie auf. Sie breitete ihr Handtuch aus und setzte sich, und er stieg ins Wasser. Er schwamm gemütlich und weit, und als er sich umdrehte, sah er, wie sie mit beiden Händen winkte, ihn zurückrief.

»Du hast mir solche Angst eingejagt. Und ich darf mich nicht aufregen.«

»Wieso?«, murmelte er, und sie fragte, ob sie ihn eincremen solle. Er verneinte, und sie bat ihn, ihr etwas zu erzählen. Ihm falle nichts ein, sagte er und sah zu den nahen Villen mit Gärten. Sie folgte seinem Blick, und dann sagte sie, dass sie in einem der Gärten einmal gewesen sei. Dort hätten Bekannten ihrer Oma gewohnt, da sei sie aber noch klein gewesen, fügte sie hinzu und erzählte über den Garten. Anschließend spazierten sie das Wasser entlang, und sie sagte, sie wünsche sich so sehr einen Garten, einen kleinen und bescheidenen Garten, der nur ihr, ihr und ihrer Familie gehören würde.

Sie rief schon zu Mittag an, und gut gelaunt fragte sie, wie es in der Arbeit gewesen sei. Es sei wenig los gewesen, antwortete er und fragte, was sie zum Essen möchte. Sie möchte, dass er hinausgehe und sich an die Sonne setze. Sie hole ihn vom Strand ab, und dann würden sie essen gehen, schlug sie vor. Wann?, fragte er und nahm eines der neuen Kinderbücher zur Hand, die auf dem Tisch lagen.

»Um vier? Am Strand beim Casino?«

»Gut«, antwortete er, und eine Weile später verabschiedete er sich von ihr. Um halb vier ging er dann hinaus, und nah am Casino wartete er. Am Geländer stehend sah er kleinen Mädchen zu, die am Strand mit Steinchen spielten, schließlich blickte er zur italienischen Küste.

»Ist das nicht besser, als zu Hause zu hocken?«, sagte Jacqueline. »Warum warst du nicht schwimmen?«

»Ich hatte keine Lust«, antwortete er, und sie sah zu den Mädchen.

»Sind die aber süß«, sagte sie, und er blickte noch einmal nach Italien. Sie bemerkte seinen Blick, wurde ernst und senkte den Kopf, fragte dann, ob er möchte, dass sie bald wieder nach Italien schauen würden. Ja, antwortete er, und sie nahm seine Hand.

Der Himmel so nah

1

Langsam fuhr er los, rollte bis zum letzten Haus, dann erst beschleunigte er, und das Meer öffnete sich seinen Augen, blau und spiegelglatt, wie der Himmel nah. Noch passierte er eine Kurve, bevor er auf die schmale Straße wechselte, das Meer verschwand, und Apricale erschien in der Tiefe des Tals, herrlich in die Farben des Hinterlandes gefügt. Da kam ein Auto ihm entgegen, prächtig und tadellos weiß, mit französischem Kennzeichen, das eine rothaarige Frau lenkte. Die Frau war nicht weniger überrascht, auch sie stieg auf die Bremse, doch umspielte ein Lächeln ihre Lippen, als er an den Straßenrand wich, ihr Platz machte. In gebrochenem Italienisch bedankte die Frau sich, schloss das Fenster und fuhr weiter, und er hörte, wie schnell sie sich entfernte. Erst in Apricale sah er wieder andere Autos. Bald schon umfingen die Schatten Isolabonas die Straße, und er verlangsamte, fuhr auf einen Parkplatz.

»Clemens!«, rief Tizio, der größte der Buben, vom Fußballfeld. »Spielst du mit?«

»Ich habe keine Zeit.«

»Musst du für deinen Papa einkaufen?«, rief der kleine Gino.

»Ja, und danach muss ich nach Hause«, antwortete Clemens noch, ehe er die Gasse betrat. Er griff in die Hosentasche, nahm die Schlüssel heraus, und am Ende des nächsten Durchgangs machte er die Haustür auf. An der Wohnzimmertür blieb er dann stehen, und die Augen geweitet, starrte er in das Zimmer hinein.

»Du hast doch versprochen, dass du schon zu Mittag kommst!«, rief sein Vater, der auf dem Balkon saß, auf Deutsch.

»Wer hat hier denn aufgeräumt?«

»Warum kommst du so spät?«

»Ich war in Perinaldo, bei Lino. Lino hat nämlich Urlaub, und gestern hat er angerufen und wollte, dass ich vorbeischaue.«

»Deine Bankkollegen sind dir wichtiger als ich.«

»Linos Frau ist schwanger«, sagte Clemens, trat an die Balkontür und fragte noch einmal, wer hier aufgeräumt habe. Sveva, antwortete Vater, sie werde jetzt immer kommen.

»Sveva? Ist sie etwa zurück in Isolabona?«

»Fremde Menschen müssen mir helfen! Gib mir den Hausschlüssel. Du brauchst nicht mehr zu kommen.«

»Wie du willst«, sagte Clemens und blickte zum Fluss, an dem ihre alte Nachbarin saß, dann drehte er sich um. Da bemerkte er, dass die eingerahmte Familienfotografie, die stets auf dem kleinen Schrank stand, verschwunden war. Er öffnete die oberste Schublade des Schranks, nahm die Fotografie heraus und stellte sie zurück auf ihren Platz. Mit dem Daumen strich er über Mutters Haar auf der Fotografie, das blond war wie sein Haar, legte den Schlüssel in die Schublade und ging hinaus. In Eile fuhr er aus dem Parkplatz, doch musste er bremsen, denn ein kleines Mädchen überquerte die Straße, flink wie ein Wiesel, rannte zum Fluss. Lächelnd hupte er, bevor er weiterfuhr, und die Erinnerung daran kam ihm, wie er einmal Sveva in den Fluss gestoßen hatte, als sie beide nach dem Unterricht auf dem Heimweg gewesen waren.

»Wie geht es deinem Vater?«, hörte er plötzlich, und als er zu dem kleinen Straßencafé blickte, winkten alle

Männer ihm zu. Es gehe ihm gut, rief er, drehte sich zurück zur Windschutzscheibe und beschleunigte leicht. Ein Stau wartete dann in Ventimiglia, doch nachdem er das Stadtzentrum passiert hatte, wurde die Straße frei, und die französische Küste tat sich seinen Augen auf. Bald verließ er die Straße, und Grimaldi Superiore erhob sich über das weite Meer. Er stellte das Auto auf dem kleinen Parkplatz ab, wo es reichlich Schatten gab, und zu Hause machte er alle Fenster auf. Müde blickte er zu Grimaldis Gärten, die, einem farbenfrohen Teppich gleich, an den Küstenrand hinunterliefen. Friedlich wie das Meer lagen Italien und Frankreich hier, sanft einander berührend, doch stand immer noch der alte Grenzübergang an der Küste, nahezu gespenstisch muteten seine leeren Fenster an in der Stille des Bildes, das die Landschaft schuf.

Die Straße war eng und düster, von alten Steinmauern umsäumt, doch mündete sie in schattenvollem Grün, und ein kleiner Strand öffnete den Blick aufs Meer. Unter dem letzten Baum parkte er, und dann ging er ans Ende des Strandes, das frei war. Dort legte er sich auf die Strandmatte und nahm das Buch, um die Lektüre auf jener Seite fortzusetzen, wo er zuletzt unterbrochen hatte.

Die Stimme einer Frau weckte ihn. Das Buch auf der Brust, blieb er liegen und starrte in den Himmel, regte sich nicht. Er hörte, dass die Frau französisch sprach und telefonierte, offenbar in einen Streit geraten war. Doch dauerte es nicht lange, und sie beendete das Gespräch, Geräusche folgten. Als es still wurde, nahm er das Buch von seiner Brust, setzte sich auf und warf einen Blick zu der Frau. Sie saß auf einem Strandstuhl, geschützt von einem Sonnenschirm, das Gesicht zum Meer. Sie trug Sonnenbrille und

Kappe, weiß wie ihr Bikini, das Haar hinter den Ohren. Ihre Miene war verfinstert, doch als sie den Kopf bewegte und ihn ansah, flog ein Lächeln auf ihre Lippen. Sie begrüßte ihn, nahm ihre Brille ab, und er erkannte die rothaarige Lenkerin des weißen Autos, dem er auf dem Weg nach Apricale begegnet war. Ob sie in Italien Urlaub mache, fragte er, sie aber verstand ihn nicht. Er wiederholte die Frage, auf Französisch, und sie kicherte. Nein, Urlaub mache sie nicht, erwiderte sie, und er fragte, ob sie schon mal hier gewesen sei.

»Zwei Mal bereits. Und du kommst oft hierher?«
»Nur manchmal.«
»Wohnst du hier in Latte?«
»Ich wohne dort oben, in Grimaldi Superiore.«
»Du schaust aber nicht wie ein Italiener aus.«
»Ich bin in Österreich geboren. Aber Italien ist meine Heimat.«
»Du bist Österreicher?«
»Ich kenne Österreich kaum.«
»Ich möchte schon so lange nach Österreich. Wo genau bist du geboren?«
»In Wien, aber ich habe keine Verwandten mehr dort.«
»Aber deine Wurzeln sind dort.«
»Vielleicht schaue ich mal hin«, sagte er und erkundigte sich, ob sie von Perinaldo gut heimgekommen gewesen sei. Ja, antwortete sie und sagte, sie sei so froh gewesen, dass er ihr auf der Straße Platz gemacht habe, ihr hätten die Knie voll gezittert. Das habe er nicht gemerkt, sagte er. Das würden Männer nie merken, lachte sie. Er meide die Straße dort, wenn er es nicht eilig habe. Sie werde nie wieder auf dieser Straße fahren, sagte sie, und er blickte zum Meer. Dann hob er das Gesicht der Sonne entgegen

und sagte, ihm sei heiß, er müsse ins Wasser. Ihr sei das Wasser noch zu kalt, sie habe mittlerweile drei Mal versucht, hineinzusteigen, doch sie schaffe es nicht. Das Wasser sei noch kalt, aber er müsse hinein, sagte er und stand auf, sprang gegen eine kleine Welle und schwamm, dann drehte er sich zum Strand. Sie kriege Gänsehaut allein schon davon, wenn sie ihm zuschaue, rief sie. Das Wasser tue gut, rief er nur, ehe er mit den Füßen trat, rückwärts weiterschwamm. Sie sah ihm zu, lächelte eine Weile lang, schließlich aber nahm sie aus ihrer Tasche ein Buch, schlug es auf und las. Doch als er aus dem Wasser stieg, klappte sie das Buch wieder zu, und er sagte, jetzt sei die Sonne erträglich.

»Es gibt Menschen, die sich an den Strand einen Schatten mitnehmen, und die brauchen gar kein kaltes Wasser«, bemerkte sie und wies auf ihren Schirm.

»Warum kommen diese Menschen hierher, wenn sie kein Wasser brauchen?«

»Weil es ihnen am Meer gefällt.«

»Wieso weißt du von dem Strand hier?«

»Ich habe ihn rein zufällig entdeckt.«

»Wohnst du vielleicht in Cap-Martin?«

»In Roquebrune-Cap-Martin, aber erst seit Kurzem.«

»Und wo hast du davor gewohnt?«

»In Aix-en-Provence. Wie bist du darauf gekommen, dass ich in Cap-Martin wohnen könnte?«

»Du schaust so aus.«

»Bitte?«

»Dort wohnen ja die besseren Leute. Und du kommst ausgerechnet an diesen Strand.«

»Hier ist es so abgeschieden, und ich bin zugleich auf einem Ausflug im Ausland.«

»Was liest du da?«, fragte er, und sie zeigte ihm das Buch. »Das kenne ich nicht, aber ich habe von der Autorin schon ein Buch gelesen, ich meine das Buch, wo sie über den Tod ihres Mannes schrieb.«

»Das möchte ich auch lesen. Es muss aber traurig sein.«

»Ich kann es dir borgen.«

»Das ist lieb, aber ich habe keine Ahnung, wann ich wieder hier bin. Liest du viel?«

»Nicht viel.«

»Wo hast du eigentlich so gut Französisch gelernt?«

»Ich habe Französisch gelernt, weil ich mir gedacht habe, dass ich mal in Frankreich arbeiten könnte, aber gut bin ich in Französisch nicht.«

»Du bist sehr gut. Sprichst du zu Hause deutsch?«

»Ich wohne nicht mehr zu Hause, ich lebe allein, aber mit meinem Vater spreche ich immer noch deutsch.«

»Das ist klar.«

»Und liest du viel?«

»Früher habe ich gern und viel gelesen, dann eher wenig, doch seitdem ich in Roquebrune bin, lese ich regelmäßig.«

»Und was liest du so?«, fragte er rasch. Sie lächelte und antwortete, und da er einige der Bücher kannte, unterhielten sie sich darüber. Ihr Handy läutete. Sie setzte es ans Ohr, und ihre Stimme senkte sich. Nur eine kurze Weile sprach sie, dann steckte sie das Handy in ihre Tasche zurück und sagte, sie müsse leider gehen. Er werde auch gehen, sagte er, und sie begann, ihre Sachen zusammenzupacken. Auf dem Weg zum Parkplatz sah sie sich noch einmal um, lächelte und sagte, es sei wirklich schön hier. Bis auf die Zufahrtstraße allerdings, bemerkte sie, heute habe sie wieder Angst gehabt, dass sie einen Kratzer bekomme oder ihr jemand sogar entgegenkomme. Der Vorteil alter Autos sei, dass man sich um keine Kratzer zu scheren brauche, sagte er, und sie lachte, die Augen auf sein Auto gerichtet.

»Übrigens, ich bin Clemens.«

»Amélie.«

»Bist du morgen wieder hier?«

»Vielleicht«, antwortete sie, und er verabschiedete sich, stieg ein und fuhr nach Isolabona.

Der Parkplatz in Isolabona war still, der Fußballplatz verlassen, die erste Gasse vom Schatten verdunkelt. Erst an der Haustür hörte er Stimmen; er läutete und wartete.

»Ach, du bist es«, sagte Sveva, als sie öffnete, und ihre dunklen Augen funkelten ein kleines Lächeln. Er wolle schauen, wie es seinem Vater gehe, sagte er und sah auf ihr grünes Kleid. Das sei nett, sagte sie, drehte sich um und lenkte ihre Schritte zum Wohnzimmer. Ihr Haar, offen und dicht, bedeckte fast ihren ganzen Rücken, es glänzte schwarz bis an ihre Taille. Er schloss die Tür und folgte ihr, und dabei merkte er, dass sie zugenommen hatte. An der Wohnzimmertür hielt er an. Vater saß im Sessel versunken, über seinem rechten Auge klebte ein Pflaster. Auf dem Tisch stand eine Flasche Wein, daneben ein Teller mit Kuchen.

»Was machst du denn hier?«, fragte Vater, auf Deutsch.

»Ich wollte schauen, wie es dir geht«, antwortete Clemens, auf Italienisch.

»So gut ist es mir schon lange nicht gegangen«, sagte Vater, nun auf Italienisch, und Clemens wandte sich Sveva zu, die in der Mitte des Zimmers stand.

»Ich kümmere mich um ihn«, sagte er, »du hast sicher zu Hause viel zu tun.«

»Ich helfe deinem Vater gerne.«

»Alkohol ist für ihn aber nicht gut.«

»Wir wollten nur anstoßen.«

»Du hast keine Ahnung, was für mich gut und was schlecht ist!«, regte Vater sich auf.

»Ich passe auf ihn auf«, sagte Sveva zu Clemens.

»Was hast du da auf der Stirn?«, fragte er Vater.

»Er ist gestürzt, sein Kreislauf hat verrückt gespielt«, antwortete Sveva, und Clemens merkte, dass die Familienfotografie wieder verschwunden war.

»Dass du dir auf einmal Sorgen um mich machst!«, schrie Vater.

»Bitte, ihr solltet nicht so miteinander reden«, sagte Sveva und sah sie beide an. Clemens aber drehte sich um und ging zur Haustür. Doch kaum war er aus dem Haus getreten, vernahm er Schritte, und ihre Nachbarin fragte ihn, ob sie schon Svevas Geburtstag gefeiert hätten.

Er überquerte die Straße und sah, wie Lino aus der Bank trat. Lino grüßte und kam auf ihn zu, wollte, dass er mit ihm einen Espresso trinke.

»Ich habe gerade einen getrunken«, sagte Clemens und deutete zum Gastgarten.

»Komm, du bist eingeladen«, sagte Lino, und danach nahmen sie Platz an jenem Tisch, an dem Clemens vorhin gefrühstückt hatte.

»Du bist schon wieder da?«, wunderte die Kellnerin sich.

»Er würde mich doch nicht allein hier sitzen lassen«, bemerkte Lino und bestellte den Espresso, und nachdem die Kellnerin sich entfernt hatte, erzählte er, wie er mit seiner Familie in San Biagio della Cima gewesen war, seine

Eltern besucht hatte. Seine Frau und sein Sohn standen in Mittelpunkt seines Erzählens, er sprach ununterbrochen, und seine Augen leuchteten vor Glück. Aufmerksam hörte Clemens ihm zu, und als er sich später dann von ihm verabschiedete, fuhr er nach Latte. Er ging ans Ende des Strandes, legte sich hin und schlug die Zeitung auf. Doch kaum hatte er zwei Seiten durchgelesen, ließ sich schon ein altes Paar in seiner Nähe nieder, das französisch sprach. Sie stiegen ins Wasser, schwammen, und als sie wieder auf ihren Stühlen Platz nahmen, unterhielten sie sich über Sehenswürdigkeiten, die sie in Menton gesehen hatten. Da hörte er Stimmen, die er kannte, und sah das alte italienische Paar, das hier regelmäßig badete. Die zwei kleinen Hunde des Paares bellten lautstark, sie machten einen Bogen um die Franzosen und liefen zu den alten Booten, die am Strand lagen. Unter das Boot, das umgekippt war und Schatten spendete, setzten sie sich, und aufgeregt wie Kinder warteten beide.

»Das ist jetzt aber nicht wahr«, sagte die Französin, und unruhig sah sie sich um, stand schließlich auf. Das italienische Paar schlenderte zu den Booten, schweigend wie jedes Mal, der Mann legte ihre Handtücher auf den Boden, und zusammen mit der Frau wandte er sich den Hunden zu. Sie kühlten die Hunde mit Wasser aus der alten Dusche ab und schickten beide zurück in den Schatten, danach stiegen sie ins Meer. Sie schwammen langsam und stumm, und als sie den Hunden zuwinkten, antworteten diese mit Gebell. Und die Franzosen packten ihre Sachen zusammen.

Am späten Nachmittag, das Paar mit den Hunden war auch schon gegangen, blickte Clemens auf die Uhr. Sein Haar wurde trocken, und am Strand waren nur mehr zwei Frauen, menschenleer rauschte das Meer. Er steckte die Zeitung in die Tasche, griff nach seinem T-Shirt, als er Schritte hörte. Noch bevor Amélie ihre Sachen auf den Boden legte, sagte sie, sie habe es beinahe nicht mehr geschafft vorbeizukommen. Wieso?, fragte er, stand auf und nahm ihr den Sonnenschirm ab. Sie habe lange geschlafen, und dann habe sie einkaufen und noch einiges erledigen müssen. Er steckte den Schirm in den Kies, öffnete ihn und sah, wie sie sich ihres Kleides entledigte, mit der Hand durch ihr Haar fuhr. Sie zupfte ihren Bikini zurecht, glitt mit den Fingerkuppen über ihren Bauch und sagte, heute werde sie in das Wasser müssen, denn sie sei völlig verschwitzt. Dann solle sie es gleich machen, die Sonne werde nicht mehr lange so warm scheinen, meinte er und ging zum Wasser. Sie folgte ihm, doch sobald das Wasser ihre Knie umspielte, blieb sie stehen. Es sei zu kalt, sie gehe zurück. Nein, sonst werde er ihr nicht das Buch leihen, das er ihr mitgebracht habe. Er möge sein Buch behalten, sagte sie und machte Anstalten, zu ihren Sachen zurückzukehren, und er rief, verschwitzte Frauen seien nicht gerade attraktiv. Bitte?, presste sie zwischen den Lippen hervor, dann ballte sie die Hände zu Fäusten und sprang ins Wasser. Er lobte sie, und sie schrie, das Wasser sei noch kälter, als sie gedacht habe. So kalt sei es doch nicht, sagte er, und danach schwammen sie, ganz langsam, wie das alte italienische Paar, nebeneinander gleitend.

Zurück am Strand, wartete er, bis sie sich auf ihre Strandmatte setzte, dann reichte er ihr das Buch, das er ihr mitgebracht hatte. Sie bedankte sich, steckte es in ihre Tasche und sagte, sie wisse aber nicht, wann sie es ihm zurückbringen könne. Egal, sagte er und fragte, warum sie heute keinen Stuhl mithabe. Weil es schon spät sei, es hätte keinen Sinn gehabt, den Stuhl mitzuschleppen. Die Sonne werde immer schwächer, sagte er, und sie rückte ihre Matte aus dem Schatten des Schirms. Heute sei es noch ruhiger hier, sagte sie, zog ihre Beine hoch zu ihrem Kinn und strich mit den Fingern über ihre Füße. Er erzählte von den zwei Paaren, die hier gewesen waren, und sie legte ihre Wange auf ihre Knie, betrachtete das Meer. Da regte sie sich darüber auf, wie feindlich manche Menschen den Tieren gegenüber seien, und danach sagte sie, sie habe schon mehrmals überlegt, sich einen Hund oder eine Katze zu besorgen.

»Genau wie ich. Aber ich müsste das Tier oft allein lassen, und das will ich nicht.«

»Wieso?«

»Weil ich arbeiten muss«, erwiderte er, und sie fragte, wo er arbeite. In der Bank, antwortete er, und sie sagte, das hätte sie nicht gedacht, wollte wissen, in welcher Bank er beschäftigt sei, was er dort mache.

»Du bist ein richtiger Bankbeamter«, sagte sie, nachdem er geantwortet hatte, und er fragte, wo sie arbeite. Sie brauche keinen Job, gab sie zur Antwort, sah aufs Meer und sagte, der Anblick des Wassers tue so gut, sie würde hier am liebsten bis in die Nacht bleiben, doch das gehe nicht. Warum nicht? Der Hunger werde nämlich immer größer, antwortete sie, und er fragte, ob sie Lust hätte, nach Ventimiglia zu fahren, er kenne dort ein nettes Restaurant.

»Die kochen sehr gut«, setzte er noch hinzu. Aber sie esse nur eine Kleinigkeit, sagte sie, und danach gingen zu ihren Autos. Er wartete, bis sie ihr Haar gebürstet hatte und in ihr Auto gestiegen war, dann erst fuhr er los. Auf der Hauptstraße bemerkte er im Rückspiegel, dass sie

Sonnenbrille trug, und als sie in Ventimiglia einparkten, sah er, wie sie Lippenstift auftrug. Sie blickte zu ihm, machte die Tür auf und stieg aus, und er führte sie in eines der Strandrestaurants. Er wählte einen Tisch aus, der am Fenster stand, und kaum hatten sie ihre Speisekarten aufgeschlagen, kam schon der Kellner.

»Für mich das Übliche«, sagte Clemens und sah, wie der Kellner Amélie anblickte.

»Sie nehmen auch Coca-Cola und Miesmuscheln?«, fragte der Kellner sie, und Clemens übersetzte es ihr.

»Moment, das geht mir zu schnell«, sagte sie.

»Hier gibt es die besten Miesmuscheln, das kannst du mir glauben«, sagte Clemens zu ihr.

»Wenn du es sagst«, kicherte sie. Ob das ein Ja gewesen sei, fragte der Kellner, auf Französisch. Klar, antwortete Clemens, auf Italienisch, und der Kellner entfernte sich.

»Der kann doch Französisch«, sagte Amélie.

»Nur ein bisschen.«

»Also du bist Stammgast hier?«

»Die Bank steht in der Nähe, und ich esse hier manchmal.«

»Wie bist du eigentlich zu dem Job in der Bank gekommen?«

»Mein Vater kennt die Chefin«, antwortete er und erzählte darüber, wie er in die Bank gekommen war, um sich vorzustellen. Als das Essen dann auf dem Tisch stand, fragte er wie nebenbei, ob sie gern koche.

»Nein. Und du?«

»Ab und zu koche ich, aber nur, wenn ich frei habe«, antwortete er, und sie wollte wissen, was er koche, welche Gerichte er liebe.

»Ich glaube, du kannst besser kochen als ich«, sagte sie, nachdem ihr Teller leer geworden war.

»Wir können mal schauen, wer von uns besser kocht«, meinte er, schob seinen leeren Teller zur Seite und ging zur Toilette. Sie wandte sich dem Fenster zu, und reglos starrte sie aufs Meer. Beinahe zuckte sie zusammen, als er zum Tisch zurückkam, und er fragte, warum sie so ernst sei. Sie sei nur etwas müde nach dem Essen.

»Wenn du magst, könnten wir hinausgehen, ein bisschen spazieren.«

»Gern, aber ich muss bald nach Hause«, sagte sie und nahm ihre Geldbörse heraus. Sie bestand darauf, das Essen zu bezahlen, und draußen äußerte sie den Wunsch, an den Strand zu gehen. Sie trat ans Wasser, hockte sich hin, strich über ihre Arme.

»Du hast gesagt, dass du mit deinem Vater deutsch sprichst. Und wie sprichst du mit deiner Mutter?«

»Meine Mutter ist vor drei Jahren gestorben«, antwortete er, und sie richtete sich auf.

»Das tut mir leid.«

»Sie starb an Lungenentzündung. Sie litt an Asthma, und eines Tages hat man bei ihr ein Lungenemphysem festgestellt. Das war eigentlich der Hauptgrund, warum wir hierhergezogen sind.«

»Ich hätte nicht fragen dürfen«, sagte sie, und er führte sie zu den großen Steinen, die am Ufer des Flusses, der kalten Roya, lagen. Auf einen der Steine setzten sie sich, und er sagte, seiner Mutter sei es hier gesundheitlich besser gegangen, sie habe das Land geliebt. Wovon seine Eltern gelebt hätten? Sie seien beide in Invaliditätspension gewesen, sein Vater sei nämlich herzkrank.

»Du hast es nicht leicht als Kind gehabt. Ständig in der Angst leben zu müssen, dass deine Eltern sterben. Und wie geht es deinem Vater?«

»Nicht gut, aber eine Bekannte von uns kümmert sich jetzt um ihn«, antwortete er und erzählte über Streitigkeiten, die es zwischen ihm und seinem Vater gab. Danach fragte er, wie es ihren Eltern gehe.

»Ich habe alleine mit meiner Mutter gelebt, aber sie ist schon gestorben«, antwortete sie und blickte auf ihre Uhr. »Ich werde jetzt nach Hause fahren.«

»Wann glaubst du, dass du mit dem Buch fertig bist?«, fragte er, und sie erwiderte, sie werde es gleich morgen in der Früh lesen, vielleicht bringe sie es ihm am Nachmittag zurück.

Ihr Auto stand bereits vor dem Strand, und kaum hatte er eingeparkt, schon kam sie auf ihn zu. Sie trug ein langes Kleid, dazu einen ebenso gelben Strohhut, in ihrer Hand schaukelte ihre Sonnenbrille.

»Ich weiß, ich bin spät dran«, sagte er.

»Schauen wir heute an einen anderen Strand?«

»Gern.«

»Dann folg mir nach«, sagte sie und stieg in ihr Auto. Sie fuhren nach Frankreich, und nachdem sie Menton passiert hatten, rollten sie über eine Straße zur Küste hinunter. Auf einem Parkplatz, inmitten prächtiger Villen, stiegen sie aus.

»Wir müssen ein Stück zu Fuß«, sagte Amélie und führte ihn zu einem Weg, der an Bahnschienen entlanglief. Es wäre ihm nie eingefallen, dass man hier lang ans Meer gelangen könne, sagte er, und bald danach tat ein kleiner Strand sich ihren Augen auf. Willkommen im Paradies, sagte Amélie, und er sah auf Häuser, die aus all den Gärten hinter dem Strand ragten. Auf eines der Häuser wies Amélie und sagte, es habe mal Jacques Brel gehört, und dann ging sie zum Wasser. Sie ließ ihre Tasche fallen, und er fragte, ob es hier immer so ruhig sei. Nein, antwortete sie und blickte zu den Menschen, die auf der anderen Seite des Strandes saßen. Er steckte den Sonnenschirm in den Kies, und sie zog ihr Kleid aus, strich mit beiden Händen über ihre Beine. Sie legte noch ihr Handtuch auf den Boden, und dann wollte sie schon baden. Und als sie später aus dem Wasser stiegen, sahen ihre Augen immer noch vergnügt, immer noch tönte ihre Stimme voller Freude. Doch kaum hatten sie sich auf ihren Handtüchern ausgestreckt, hörte sie auf zu lachen, und besorgt sagte sie, er möge doch weg von der Sonne, sonst werde er sich verbrennen. Die Neigung zum Übertreiben besitze wohl jede Frau, bemerkte er, dann aber legte er sich unter ihren Schirm.

»Du kennst Frauen so gut? Wie alt bist du denn, wenn ich fragen darf?«

»Achtundzwanzig. Und du?«

»Eigentlich ist es unhöflich, eine Frau danach zu fragen.«

»Ja, du bist älter als ich«, sagte er, und Gebell wurde laut. Ein kleiner Hund kam an den Strand gelaufen, und dann erschien eine alte Frau.

»Ist der süß«, sagte Amélie.

»Darf er hier überhaupt?«

»Mich stört er nicht«, sagte sie und sah auf eines der Häuser. »Das Haus ist so schön.«

»Die Häuser hier müssen unglaublich leiden. Die sind ja stets der feuchten und salzigen Luft ausgesetzt.«

»Ja, leider. Aber stell dir vor, du hättest als Kind hier gelebt, du wärest hier aufgewachsen.«

»Das könnte schön sein, allerdings nur, wenn auch andere Kinder hier wären. Gibt es überhaupt eine Schule in der Gegend?«

»Dort oben steht sicher eine Schule. Wo bist du eigentlich zur Schule gegangen?«

»Bei uns, in Isolabona. Später dann in San Remo.«

»Du bist jeden Tag nach San Remo gefahren?«

»Meine Eltern wollten es, da ich dort auch Deutsch lernen konnte. Sag, hast du schon das Buch gelesen, das ich dir geborgt habe?«

»Ja. Ich konnte nicht aufhören, obwohl es noch trauriger ist, als ich dachte. Rühr dich bitte nicht.«

»Warum?«, fragte er und nahm die Bewegung ihrer Hand wahr, die knapp über seiner Brust glitt. Eine Wespe, aber jetzt sei sie weg, sagte sie und fragte, ob er Lust hätte, morgen mit nach Draguignan zu fahren. Nach Draguignan? Sie habe dort ihre alte Wohnung verkauft und müsse noch die letzten Formalitäten erledigen.

»Du hast dort eine Wohnung gehabt?«

»Ich bin in Draguignan geboren und aufgewachsen, und nachdem meine Mutter gestorben ist, habe ich die Wohnung vermietet.«

»Ich dachte, du kommst aus Aix-en-Provence.«

»Dort habe ich nur eine Zeit lang gelebt. Kennst du Draguignan?«

»Nur vom Namen her.«

»Ich könnte dir eine kleine Stadtführung anbieten. Wer weiß, wann oder ob ich überhaupt noch mal nach Draguignan kommen werde.«

»Vermisst du deine Freundinnen und Freunde etwa nicht?«

»Die verlierst du leider, sobald es dir besser geht als ihnen.«

»Aber man erinnert sich trotzdem gern an sie.«

»Also wenn ich mich an etwas in Draguignan erinnere, dann ist es meistens der Uhrenturm.«

Sie hupte, stieg aber nicht aus. Er rief sie herein, doch sie wollte nicht, bedeutete ihm mit der Hand, er möge sich beeilen. Und er machte das Küchenfenster zu.

»Hätte ich deine Handynummer gehabt, hätte ich dich angerufen und bestimmt überredet«, sagte er, als er in ihr Auto stieg, und sie fuhr los. Er habe keinen Kaffee getrunken, weil er auf sie gewartet habe, bemerkte er noch, und sie sagte, er werde seinen Kaffee schon bekommen, aber eben später. Er habe ihr seine bescheidene Wohnung zeigen wollen. Sie glaube ihm doch, dass es bei ihm schön sei. Nächstes Mal müsse sie aber trotzdem zu ihm schauen, sagte er, und sie fragte, ob er gefrühstückt habe. Ja, antwortete er, sah sich um und sagte, dass er in so einem teuren Auto noch nie gefahren sei. Gemütlich fuhren sie dann das ganze Menton durch, und schon bald erschien Monaco in der Tiefe, von scharfen Sonnenstrahlen umfangen. Ob es über die Autobahn nicht schneller wäre, sagte er, als sie die Richtung Nizza schlug. Ja, murmelte sie, und er sagte, er habe gewusst, dass sie die Moyenne Corniche nehmen werde. Die sei doch toll, und die Grande Corniche auch, die seien die schönsten Straßen Europas, meinte sie. Ob sie europäische Straßen so gut kenne, fragte er, und sie antwortete, sie kenne mittlerweile viele Straßen. Wo überall sie schon gewesen sei, fragte er, und sie begann, über jene Länder zu erzählen, die ihr besonders gefallen hatten. Èze Village erhob sich vor der fabelhaften Kulisse der Küste, und wenig später kamen schon die ersten Häuser Nizzas zum Vorschein. Sie habe Nizza so gern, sagte sie und nannte ihre Lieblingsstraßen, sprach dann von ihren Lieblingsplätzen. Er sei nur ein paar Mal in Nizza gewesen, bemerkte er mit ernster Miene, doch nachdem sie die Stadt verlassen hatten, kehrte das Lächeln an seine Lippen zurück. Und kurz vor Grasse hob er an zu erzählen, wie er zuletzt in Grasse gewesen war, einen Ausflug mit seiner Mutter gemacht hatte. Mutter habe aus den Gassen der Altstadt flüchten müssen. Wieso? Wegen der Parfümgerüche, antwortete er.

»Ach so, die Düfte haben ihre Atemwege gereizt. Aber ich liebe die alten Souvenir- und Parfümerieläden. Als Kind bewunderte ich sogar die Verkäuferinnen in den Läden und wollte auch eine werden.«

»Das wünschen sich viele Mädchen.«

»Und was wünschen sich Buben?«

»Die wünschen sich, einmal die Chefs zu werden.«

»Wünschst du es dir immer noch?«

»Vielleicht.«

»Siehst du, Männer bleiben die Buben, die sie einmal waren.«

»Aber haben Frauen das nicht gern?«

»Du weißt es etwa?«

»Als Mädchen träumen sie von einem Prinzen, und als Erwachsene von einem Chef«, antwortete er, und sie lachte. Dann verschwanden all die Häuser Grasses, und der Schatten des Waldes fiel auf die Straße. Über diese Straße sei sie schon mit ihrem alten Motorroller gefahren, sagte sie und erzählte, wie sie das Fahren gemeinsam mit Louanne, ihrer damals besten Freundin, gelernt hatte. Ob das Draguignan sei, fragte er, als die ersten Häuser aufragten, und sie bejahte, fuhr in Richtung Stadtzentrum. Sie bog in eine Seitengasse ein, ließ das Auto am Straßenrand stehen und sagte, sie werde gleich ins Immobilienbüro schauen. Leider wisse sie nicht, wie lange es dauern könne, aber sie werde sich beeilen. Und er könne inzwischen einen Kaffee trinken, hier in der Nähe stehe ein Café auf einem netten Platz, auch einen Gastgarten gebe es. Er schaue sich ein bisschen um, einen Kaffee würden sie zusammen trinken, sagte er, ehe sie aus dem Auto stiegen. Amélie überquerte die Hauptstraße, verschwand hinter einer Hausecke, und er drehte sich um, sah zum anderen Ende der Gasse, die seltsam düster, voll renovierungsbedürftiger Häuser war. Er ging auch die benachbarten Gassen durch, und als er auf die Hauptstraße kam, weckte eine kleine Buchhandlung sein Interesse. Er trat ein, und mit einem Buch in der Hand kam er wieder hinaus. Amélie winkte ihm zu, und er steckte das Buch unter sein Hemd.

»Tut es dir nicht doch leid, dass du die Wohnung verkauft hast?«

»Jetzt nicht mehr.«

»Sie war doch dein Zuhause.«

»Ich habe Erinnerungen, und die bleiben mir«, sagte sie und setzte ihre Sonnenbrille auf, dann gingen sie in das Café. Kaum hatten sie im Gastgarten Platz genommen, kam schon ein junger Kellner. Und als der Kaffee auf dem Tisch stand, fragte Amélie Clemens, welche Geschäfte er sich angeschaut habe. Nur ein Geschäft habe er sich angeschaut, antwortete er, nahm das Buch heraus und gab es ihr.

»Ich hoffe, du hast es noch nicht.«

»Nein, das habe ich nicht. Das ist lieb von dir.«

»Zeigst du mir dann die Stadt?«

»Das habe ich dir ja versprochen«, antwortete sie, und er fragte, ob sie ihm auch zeigen würde, wo sie gewohnt habe. Sie habe die Wohnungsschlüssel leider schon abgeben müssen, antwortete sie, und ein Gebell ließ sie zusammenfahren. Ein großer Hund kam in den Gastgarten gelaufen, doch kroch er unter einen Tisch und blieb liegen. Zwei

Männer, deren Arme mit Tätowierungen übersät waren, nahmen an dem Tisch Platz, sie zündeten sich Zigaretten an und sahen sich um.

»Ist der aber schön«, sagte Clemens, auf den Hund starrend, und die Blicke der Männer verharrten auf Amélie. Amélie wandte sich wieder dem Tisch zu und sagte, dem sei es zu heiß, dann erzählte sie über die Stadt. Und nachdem sie den letzten Schluck Kaffee getrunken hatte, bezahlte sie und wollte gehen. Im Laufen überquerten sie die Hauptstraße, und langsam tauchten sie in die Armut einer Gasse ein, die anstieg und sehr alt war. Hier habe sich nichts verändert, sagte Amélie und erzählte über die hohe Arbeitslosigkeit, die es in der Stadt gab. Dann erhob sich der Uhrenturm über ihren Köpfen, die Gasse nahm an Breite zu und wurde frei vom Schatten, und ein kleiner Platz öffnete sich in weichem Sonnenlicht. Noch einmal sah Clemens die Steinmauer an, die vor dem Turm stand, und dann fragte er, ob man denn nicht hinein dürfe. Man müsse sich vorher anmelden, antwortete Amélie. Warum sie es nicht getan habe? Weil sie den Vater von Louanne hätte anrufen müssen, und das komme nicht in Frage. Louanne sei doch ihre beste Freundin gewesen. Sie sei es aber nicht mehr. Er habe sich so gefreut, dass sie ganz nach oben steigen würden.

»Du hast gewusst, dass wir zu dem Turm hier schauen werden?«

»Ja«, antwortete er und überzeugte sich, dass die Tür in der Mauer tatsächlich versperrt war. Ob er ihr etwa nicht glaube? Schon, aber er habe gedacht, dass die Tür vielleicht doch aufgesperrt sein könne, erwiderte er und fragte, wie alt der Turm sei. Sie antwortete, und sogleich erzählte sie über die Geschichte des Turms. Ein Paar mit zwei kleinen Buben kam auf den Platz, alle kicherten sie und redeten, starrten den Turm an. Ob es Deutsch sei, fragte Amélie. Ja, antwortete Clemens und sah, wie die Buben zu der Tür in der Mauer liefen.

»Die scheinen genauso enttäuscht zu sein wie du«, sagte Amélie, und die Frau blickte zu ihr.

»Kann man nicht hinein?«, fragte die Frau in gebrochenem Französisch.

»Man braucht eine Voranmeldung«, antwortete Amélie rasch.

»Eine was?«, fragte die Frau. »Ich verstehe nur wenig Französisch.«

»Ach so«, sagte Amélie und drehte sich zu Clemens. »Dann sag es ihr auf Deutsch.«

»Anmeldung brauchen Sie«, sagte Clemens zu der Frau, langsam und deutlich, auf Französisch.

»Jetzt verstehe ich, danke«, sagte die Frau und drehte sich zu dem Mann, um es zu übersetzen. Und Clemens sah Amélie an.

»Gehen wir weiter?«, fragte er. Ja, aber hier lang, antwortete sie und wies zum anderen Ende des Platzes, dann fragte sie, warum er mit der Frau nicht deutsch gesprochen habe. Er habe es schon als Kind nicht gemocht, mit Touristen deutsch zu sprechen. Aus welchem Grund? Weil man ihn dabei jedes Mal gefragt habe, wo er herkomme oder warum er in Italien lebe. Na und?, sagte sie, und er sah noch einmal zu dem Uhrenturm.

»Hier hast du also oft gespielt«, sagte er. Ja. Ob sie sich mit ihrer Freundin zerstritten habe? Sie seien einander sogar in die Haare geraten. Warum? Sie hätten sich nicht mehr verstanden, und auf einer Party sei ein Streit eskaliert. Weswegen sie sich so heftig gestritten hätten?

Das wisse sie nicht mehr, erwiderte sie und fragte, was er gern sehen würde. Keine Ahnung, er lasse sich überraschen, antwortete er, und sie beschleunigte leicht ihre Schritte. Sie zeigte ihm einige Sehenswürdigkeiten, anschließend das Stadtzentrum, und für einen Augenblick hielt sie vor der Schule, die sie mal besucht hatte. Ob sie sich nicht auch in den Schatten setzen wolle, fragte er dann, als sie an einen Park vorbeigingen. Arabischstämmige Familien saßen in dem Park, in ihrer Nähe junge Punks, und auf den Bänken schliefen Obdachlose. Sie würde gern etwas essen, sagte sie, und danach führte sie ihn in ein Restaurant, das einst durch seine hervorragende Küche bekannt war. Am Tisch erzählte sie, wie sie hier als Kind einmal ihren Geburtstag mit ihrer Mutter gefeiert hatte, und nach dem Essen starrte sie durchs Fenster hinaus. Von dem Personal kannte sie niemanden mehr, und die alten Möbel waren durch neue ersetzt worden, doch das Essen schmeckte immer noch hervorragend.

»Warum hast du schon wieder für mich bezahlt?«, fragte er, als sie hinaus auf die Straße kamen.

»Weil ich dir dafür dankbar bin, dass du mitgefahren bist«, antwortete sie, und er bemerkte eine alte Frau, die lächelnd auf sie zukam.

»Amélie«, sagte die Frau, »ich habe dich so lange nicht gesehen.«

»Ich bin wegen meiner Wohnung gekommen, aber ich habe es leider eilig«, sagte Amélie, setzte ihren Hut und ihre Sonnenbrille auf und verabschiedete sich von der Frau. Erst auf der Hauptstraße verlangsamte sie ihre Schritte, und dann sagte sie, Draguignan sei wirklich klein. Wer das gewesen sei, fragte Clemens.

»Sie war die beste Freundin meiner Mutter. Fahren wir über die Autobahn?«
»Ja, zur Abwechslung mal. Falls du müde bist, dann fahre ich.«
»Nein, ich bin nicht müde.«

2

Ob die Nacht so lang gewesen sei, fragte Cosetta in der Bank, als sie ihn wieder ansah, seinen müden Blick bemerkte. Ja, antwortete er und schaltete den Computer aus. Was er denn in der Nacht gemacht habe, fragte sie weiter. Nichts, erwiderte er, während er Ordnung auf seinem Tisch machte.

»Kennen wir sie?«, fragte Orietta.

»Kann ich schon nach Hause?«

»Lauf nur, du wirst sie doch nicht warten lassen«, antwortete sie, und er verabschiedete sich. In einem Geschäft kaufte er ein Handy, ließ es als Geschenk einpacken und fuhr nach Hause.

Es war schon Abend, als er erwachte und hinausging. Er startete den Motor und fuhr los, und da überholte eine Vespa ihn. Ein Mädchen saß hinter dem Vespafahrer, es trug keinen Helm und telefonierte, das blonde Haar lang und gelöst, völlig durcheinander. Die Vespa verschwand in der Kurve, und er blickte zur Küste, an der immer noch Menschen waren. Die Straßen in Ventimiglias Zentrum aber lagen bereits frei, und die Häuser schwiegen, als seien sie leer, alle längst schon verlassen. Am Stadtrand sah er die Vespa wieder, sie war abgestellt neben der Straße, und das Pärchen küsste sich, zärtlich einander berührend. In Camporosso und in Dolceacqua herrschte ein reges Treiben, wie an jedem Abend in der Saison, doch Isolabona lag ruhig, in sanftes Licht getaucht.

»Du lebst noch?«, rief Damiano, der durch die Gasse lief.

»Wohin hast du es denn so eilig?«

»Ich muss heim. Wie geht's?«

»Gut.«

»Wir sind dann auf dem Platz, schau vorbei!«, rief Damiano, bevor er sich entfernte, und Clemens läutete an der Haustür. Er läutete noch einmal, länger.

»Es ist doch offen!«, kam aus dem Haus, und er griff nach der Klinke. Vater saß auf dem Sofa, sein Haar und das Kissen ließen erkennen, dass er vorhin gelegen hatte. Die Balkontür stand offen, und dennoch hing in der Luft der Geruch von gebratenem Fleisch. Auf dem Boden lag ein Strauß, daneben eine Bonbonniere.

»Bist du allein?«, fragte Clemens, auf Deutsch, und sah, dass die Familienfotografie wieder auf dem Schrank stand.

»Wer sollte sonst da sein?«

»Ich dachte, Sveva ist bei dir.«

»Die ist schon weg.«

»Alles Gute zum Geburtstag«, sagte Clemens und gab Vater die Schachtel mit dem Handy, dann hob er die Bonbonniere und den Strauß vom Boden, legte beides auf den Tisch und ging in die Küche. Eine Backschüssel, in der ein gebratenes Kaninchen lag, stand mitten auf dem Tisch, daneben eine Schüssel mit gekochten Kartoffeln. Auf der Küchenzeile waren Servietten mit Besteck und leere Gläser vorbereitet, dahinter wartete eine Flasche Mineralwasser, im Spülbecken ein Teller mit Obst. Er stahl sich aus dem Haus, und am Ende der nächsten Gasse läutete er an Svevas Hausglocke.

»Ich war gerade bei meinem Vater. Was ist passiert?«

»Ich habe es versucht, aber es geht anscheinend nicht.«

»Warum habt ihr euch gestritten?«

»Es ist unwichtig.«

»Für mich ist es aber wichtig. Und meinem Vater tut es leid.«

»Er ist schwieriger, als ich dachte.«

»Ja, aber du hast ihn so weit gebracht, dass es ihm besser ging. Bitte, er wird jetzt brav sein.«

»Ich kann nicht.«

»Ich zahle dir was dafür«, sagte er, und sie schlug die Tür zu. Er gab einen Seufzer von sich und läutete. So lang läutete er, bis sie wieder öffnete, dann entschuldigte er sich, sagte, sein Vater brauche sie. Na schön, sie schaue später bei ihm vorbei. Ob sie jetzt Zeit hätte, sagte er, es wäre besser, wenn sie gemeinsam zu ihm kommen würden. Warum?

»Er wird sich darüber freuen. Er wird es nicht zeigen, aber er wird sich darüber freuen.«

»Ich muss mich noch umziehen«, sagte sie, und als sie wenig später aus dem Haus kam, fragte sie, was sein Vater erzählt habe. Nichts, denn das Gewissen habe ihn gequält. Ob er sich sicher sei, dass sein Vater ein schlechtes Gewissen habe. Ja, antwortete er, und als sie zum Haus kamen, ließ er sie als Erste eintreten. Vater saß immer noch auf dem Sofa, und die Schachtel mit dem Handy lag geschlossen auf dem Tisch.

»Wir sind gekommen, um zu feiern«, sagte Clemens, wandte sich Sveva zu und fragte, ob sie gleich essen würden, doch sie wich seinem Blick aus und ging in die Küche. Er folgte ihr, und in der Küche fragte er, was los sei. Sein Vater habe gemeint, sie habe ihm anstatt eines Kaninchens eine Katze gebraten. Angeblich habe sie das Geld für das Kaninchen eingesteckt und draußen eine Katze geschnappt. Wie er darauf gekommen sei, es sei eine Katze gewesen? Er habe zu erkennen geglaubt, das Tier habe einmal einen langen Schwanz gehabt, antwortete sie und nahm aus der Schublade ein Messer. Solange er nicht meine, sie wolle ihn vergiften, brauche sie ihn gar nicht ernst zu nehmen, sagte Clemens und fragte, womit er ihr helfen könne. Es dauerte dann nicht lange, bis Sveva das fertige Essen ins Wohnzimmer trug, und er schlenderte ihr nach, ein Tablett mit Gläsern Mineralwasser auf der Hand.

»Ich bin schon so hungrig«, sagte er und setzte sich an den Tisch.

»Sie ist eine großartige Köchin«, sagte Vater plötzlich. »Wenn ich ein Restaurant hätte, hätte ich sie sofort als Köchin genommen.«

»Du wirst hier richtig verwöhnt.«

»Und du? Kochst du dir manchmal etwas? Du hast abgenommen.«

»Ich möchte auch gern abnehmen«, bemerkte Sveva, doch Clemens starrte seinen Vater an, sagte schließlich zu ihm, er schaue heute gut aus. Er schaue gut aus, sagte Sveva, weil er endlich auf sie gehört habe und mit nach draußen gegangen sei. Toll, freute Clemens sich. Die Sonne auf dem Balkon reiche nicht, setzte Sveva fort, Bewegung sei wichtig, und dabei könne man auch mit Leuten plaudern.

»Soll ich dir etwas zum Lesen bringen?«, fragte Clemens, als Vater ihn ansah. »Ich habe neue Bücher.«

»Wozu denn? Ich lese keine Bücher.«

»Dann solltest du damit anfangen. Du würdest sicher Spaß daran finden.«

»Es gibt genug Bücher hier, die nach deiner Mutter geblieben sind. Ich habe aber noch keines davon aufgeschlagen.«

»Das ist schade«, sagte Sveva, zum Bücherregal gewandt.

»Du kannst sie dir gerne mitnehmen, ich brauche sie nicht.«

»Du kannst sie doch nicht einfach verschenken, die sind ja eine Erinnerung an deine Frau.«

»So würden sie ihren Zweck erfüllen.«

»Aber ich möchte, dass du jedes Buch, das ich gelesen habe, auch liest, damit wir uns über die Geschichten unterhalten könnten.«

»Danke, das ist nett, aber ich sehe lieber fern.«

»Möchtest du nicht endlich dein Geschenk auspacken?«, sagte Clemens.

»Wenn es sein muss«, murmelte Vater und öffnete die Schachtel. »Ich habe doch unser altes Telefon, ein Handy habe ich nie gebraucht.«

»Jetzt kannst du jedes Mal anrufen, selbst wenn du draußen bist und etwas dringend brauchst.«

»Ich kenne mich damit nicht aus.«

»Komm, es ist ganz einfach«, sagte Sveva.

Erst in Menton kam er aus den Gedanken, dann stellte er das Auto auf den Parkplatz vor dem Cocteau-Museum, überquerte den Park und ging zu den Steinen am Strandende, wo es außer Kies auch Sand gab. Nahe der alten Dusche ließ er Strandmatte und Tasche fallen und zog sich aus. Das Englisch der erwachsenen Mädchen, die vor ihm lagen, nahm für einen Augenblick seine Aufmerksamkeit in Anspruch, dann wanderte sein Blick über den Strand. Noch viele freie Plätze gab es, doch die meisten zu klein und ungemütlich, von den scharfen Sonnenstrahlen heiß. Er legte sich hin, schlug ein Buch auf und las, als er plötzlich eine Bewegung wahrnahm.

»Immer noch so unpünktlich«, sagte er.

»Störe ich vielleicht?«, sagte sie und stieg aus ihrem Kleid. Er setzte sich auf, schloss das Buch und steckte es in die Tasche.

»Erkennst du es noch hier?«, fragte er.

»Was sollte sich hier bitte verändert haben? Bist du oft da?«

»Nein, dafür habe ich nicht die Zeit.«

»Ich habe gehört, dass du nur Teilzeit arbeitest. Was hast du sonst zu tun? Zu deinem Vater kommst du ja nicht so oft.«

»Ich komme nicht so oft zu ihm, weil ich mich nicht streiten will.«

»Ihr streitet euch, da ihr euch ähnlich seid.«

»Du streitest dich doch auch mit ihm.«

»Gestern waren wir wieder draußen, und er war ganz nett. Wir waren einkaufen. Donatella war gerade allein im Geschäft, sie hat sich so gefreut, ihn wiederzusehen.«

»Hat er eingekauft?«

»Ja. Donatella hat ihm dabei geholfen, er hat alles bekommen, was er gebraucht hat. Natürlich keinen Alkohol. Dann ist der kleine Vito gekommen, und dein Vater hat ihm Eis gekauft.«

»So nett war er?«

»Ich habe mich draußen daran erinnert, wie er dir einmal in der Gasse hinterherrannte, weil du frech zu ihm warst.«

»Daran kann ich mich nicht mehr erinnern, wir haben uns ja oft gestritten.«

»Er wollte dir kein Eis kaufen, weil du schon eines gehabt hast.«

»Du kannst dich daran so genau erinnern?«

»Ja, weil du geschrien hast, dass du eines Tages abhauen und nicht mehr zurückkommen wirst. Und du hast

Prügel bekommen, als du heimgekommen bist, ich war mit den Mädchen am Fluss, wir haben es gehört.«

»Und ihr habt schadenfroh gelacht.«

»Ja.«

»Siehst du, jetzt bin ich wirklich weg von Isolabona.«

»Aber abgehauen bist du nicht. Das würdest du nicht schaffen.«

»Das kannst du nicht wissen.«

»Es sind einige von uns weggezogen, doch Isolabona bleibt unsere Heimat.«

»Wärest du nach Isolabona zurückgekehrt, wenn du dich nicht von deinem Freund getrennt hättest?«

»Ich war doch oft in Isolabona.«

»Ja, als deine Eltern noch gelebt haben, aber danach nicht mehr.«

»Ich habe unser Haus nicht verkauft, obwohl ich Geld gebraucht habe. Und ich könnte es verkaufen und in Savona oder woanders leben.«

»Das wusste ich nicht«, sagte er, doch sie blickte zu den englischsprechenden Mädchen, die sich aufsetzten. Ach, die Arme, sagte sie, und er sah, dass einem der Mädchen der rechte Unterarm fehlte. Es war hübsch wie die zwei anderen Mädchen, aber nicht brünett, sondern blond und sehr zart, sein Gesicht strahlte voll Lächeln. Er fragte Sveva, ob sie glaube, dass es Engländerinnen seien. Vielleicht, aber viel Sonne hätten sie noch nicht bekommen. Ja, sie seien ziemlich weiß.

»Sie sollen es mit dem Sonnenbad ja nicht übertreiben.«

»Da hast du recht.«

»Ich muss ins Wasser, mir ist schon sehr heiß«, sagte sie und stand auf. Auch er stand auf, und zusammen mit ihr sprang er ins Wasser. Sie gab ein Lachen von sich, und als er sie ansah, bespritzte sie ihn.

»Vorsicht«, sagte er.

»Du kannst dich sicher noch daran erinnern, wie wir dich fast ertränkt haben«, sagte sie. »Ich und Monia. Ich wette, das hast du nicht vergessen.«

»Und ich wette, du hast meine Rache auch nicht vergessen.«

»Die werde ich nie vergessen«, sagte sie ernst, und er lachte.

»Geh, du tust immer noch, als wäre etwas Schreckliches passiert. Ich habe dich ja nur gestoßen.«

»Aber nur mich hast du gestoßen.«

»Ihr habt mich vor Damiano und Sandro so blamiert«, sagte er, und sie lächelte wieder.

»Damiano hat es sehr gefallen. Übrigens, er lässt dich grüßen.«

»Ich habe ihn in Isolabona getroffen, aber er hat es eilig gehabt. Er wollte, dass ich auf den Platz komme.«

»Er ist oft dort.«

»Das glaube ich«, sagte er, und als sie dann nebeneinander schwammen, dachten sie daran zurück, wie es früher manchmal lustig auf dem Platz gewesen war.

Am Strand wurde Sveva still, setzte sich und sah zu den Mädchen, die sich mit Sonnencreme einschmierten. Sie löste ihr Haar, schüttelte es aus, und ihr Blick fiel auf einen Mann, der neben einer deutlich jüngeren Frau saß. Die Frau lag auf dem Rücken, die Augen geschlossen, und er starrte die Mädchen an. Der könne es einfach nicht lassen, sagte Sveva mit einer Stimme, in der Verachtung vibrierte. Was sie denn meine, fragte Clemens, bevor er ihrem Blick folgte. Na und?, sagte er dann, sie seien doch hübsch.

»Ich kann das nicht mehr länger ansehen«, sagte sie und legte sich. »Und seine Frau liegt neben ihm.«

»Warum regst du dich so auf? Und woher weißt du, dass sie seine Frau ist?«

»Es ist doch egal, ob sie seine Frau oder seine Freundin ist«, sagte sie und schloss die Augen.

»Jetzt habt ihr bestimmt Stress im Eissalon.«

»Ich will vom Eissalon nichts hören.«

»Du bist ja nur zwei Tage die Woche dort.«

»Das reicht aber vollkommen. Ich weiß nicht, wie lange ich es noch aushalte.«

»Warum?«, fragte er und sah, dass sie ihren Kopf hob, sich auf die Ellenbogen stützte.

»Ich muss etwas anderes suchen«, sagte sie und erzählte, dass es zu wenig Personal bei ihnen gab, mittlerweile auch sie mit der Chefin streiten musste. »Dazu noch manche arrogante Gäste.«

»Das kann ich mir vorstellen.«

»Nein, nur eine Frau kann verstehen, wovon ich spreche«, sagte sie, und sein Blick verharrte auf einer stark geschminkten Asiatin, die an den Strand kam. Ohne sich des Kleides und der Stöckelschuhe zu entledigen, stieg die Frau ins Wasser und schwamm, und er ließ die Bemerkung fallen, der sei es anscheinend unerträglich heiß gewesen. Die sei entweder betrunken oder stehe unter Drogen, meinte Sveva.

»Wir haben auch schon angezogen gebadet«, sagte er.

»Das war etwas anderes.«

»Wir waren dabei auch nicht ganz nüchtern«, bemerkte er, und dann erinnerten sie sich daran, wie sie nach einer Party in Bordighera mit Monia, Rosanna, Damiano und Taddeo an den Strand gegangen waren. Da sahen sie, wie die Asiatin aus dem Wasser stieg, die Dusche ansteuerte.

»Dass sie duschen wird, das hätte ich nicht geglaubt«, sagte Sveva, als die Frau unter der Dusche stand.

»Vielleicht merkt sie gar nicht, dass sie angezogen ist«, sagte er, und Sveva lachte. Die Mädchen sahen Sveva an, auch sie lachten. Die Frau stellte das Wasser ab, und mit beiden Händen wischte sie sich alle Tropfen vom Gesicht, verließ danach den Strand. Svevas Handy läutete.

»Es ist dein Vater«, sagte sie und setzte das Handy ans Ohr. Er sah aufs Meer und wartete, bis sie das Handy einsteckte, dann fragte er, was sein Vater gewollt habe. Er habe gemeint, sie brauche morgen nicht vorbeizukommen, antwortete sie und blickte auf ihre Uhr. Es sei schon ziemlich spät, und sie wolle etwas essen, sagte sie noch. Er sagte, er sei auch hungrig, und nachdem sie sich angezogen hatten, führte er sie zu dem nächsten Restaurant. Sie wartete draußen, an einem Tisch sitzend, und als er das Essen brachte, sagte sie, sie seien wohl die ältesten hier.

»Das stört mich nicht. Warum hast du meinem Vater nicht gesagt, dass wir am Strand sind?«

»Weil er dir Vorwürfe machen würde, dass du dich an Stränden herumtreibst, anstatt dich um ihn zu kümmern.«

»Wir könnten ihn mal mit ans Meer nehmen.«

»Ich habe ihn bereits zwei Mal gefragt, ob ich ihn ans Meer fahren soll, aber er wollte davon nichts hören.«

»Heute hätte es ihm bestimmt gefallen.«

»Das glaube ich auch. Vielleicht lässt er sich überreden, wenn es nicht so heiß ist und die Strände nicht so voll sind.«

»Er war zuletzt mit meiner Mutter am Meer«, sagte er, und sie nahm ihre Coca-Cola, trank einen Schluck und sah auf ein Mädchen, das in einen Laptop starrte.

»Einen Laptop habe ich deinem Vater auch schon empfohlen.«

»Ein Laptop wäre nichts für ihn. Hast du Internet?«

»Seitdem ich zurück in Isolabona bin, habe ich kein Internet mehr. Und du?«

»Ich habe Internet, aber ich schalte den Laptop nicht mehr so oft ein«, antwortete er, und sie fragte, wann er wieder arbeiten müsse. Morgen, und danach noch zwei Tage. Ob er nette Kolleginnen und Kollegen habe?

»Ja, heute gehen sie wieder zusammen essen.«

»Und du bist nicht dabei?«

»Ich war vorige Woche mit ihnen essen«, sagte er, und als sie dann den Gastgarten verließen, fragte er, ob sie nicht in Geschäfte schauen wolle, wenn sie schon hier sei. Lieber nicht, antwortete sie, sie würde sowieso nichts kaufen dürfen. Wieso nicht? Sie müsse Geld sparen, wolle ja ihr Haus renovieren lassen, antwortete sie, und vor ihrem Auto bedankte sie sich, dass er sie angerufen habe, denn das Meer habe ihr gut getan.

Die Haustür stand offen, im Wohnzimmer sprach Sveva mit einer Ärztin, das Sofa war leer. Er fragte, wo sein Vater sei. Im Schlafzimmer, antwortete Sveva, und die Ärztin sagte, sein Vater habe eine Herzschwäche erlitten, sei aber außer Lebensgefahr. Sein Vater müsse sich schonen, jede Anstrengung und jede Aufregung meiden, setzte die Ärztin noch hinzu, ehe sie ihm zeigte, welche Medikamente sie verschrieben hatte. Schließlich führte sie ihn ins Schlafzimmer, lächelte seinen Vater an und sagte, er müsse alle Medikamente einnehmen, müsse sich regelmäßig untersuchen lassen. Als sie dann zusammen mit Sveva fortging, setzte Clemens sich aufs Bett und fragte Vater, ob es ihm schon besser gehe.

»Es geht mir gut.«

»Das freut mich«, sagte Clemens, und da nahm Vater seine Hand. So lange schon hatte er die Wärme dieser Hand nicht gespürt, das sanfte Lächeln an seinen Lippen nicht gesehen.

»Wie bist du denn angezogen?«, murmelte Vater.

»Ich habe Fußball gespielt. In Bordighera. Ich und Lino gegen Albano und Leone.«

»Ich hoffe, ihr habt diesmal gewonnen.«

»Leider nicht. Wir standen knapp davor.«

»Nächstes Mal müsst ihr gewinnen. Versprich es.«

»Ich verspreche es.«

»Geh dich duschen und nimm dir etwas zu essen.«

»Ich bleibe heute bei dir. Ich habe ab morgen frei.«

»Wie du möchtest, aber meinetwegen brauchst du nicht zu bleiben.«

»Wenn du mich hier nicht willst.«

»Ich würde es mir sehr wünschen, dass du bleibst, aber mir geht es wirklich gut«, sagte Vater und tätschelte seine Hand.

»Ich hole aus dem Auto meine Sachen und dusche schnell, dann mache ich uns etwas Leckeres zu essen«, sagte Clemens und ging hinaus. Doch als er später ins Schlafzimmer zurückkam, hatte Vater sich bereits dem Schlaf überlassen. Er machte das Licht aus, ging in die Küche und öffnete den Kühlschrank. Kein Alkohol, aber ausreichend Lebensmittel. Er schloss den Kühlschrank, schlenderte auf den Balkon, nahm Platz und sah auf die Häuser, die auf der anderen Flussseite leuchteten. Aus den Gassen drangen immer noch Stimmen. Er sah auf den Fluss, und die Erinnerung daran kam ihm, wie er im Krankenhaus auf Mutters Bett gesessen war. Wie Mutter plötzlich seine Hand genommen und ihn angelächelt hatte, wie schwach sie gewesen war.

Er stand wieder auf, nahm aus dem kleinen Schrank im Wohnzimmer seinen alten Hausschlüssel und ging zu Sveva. Er blickte in ihre oberen Fenster und machte Anstalten anzuläuten, doch dann nahm er vom Boden ein Steinchen und warf es in das Fenster ihres ehemaligen Kinderzimmers. Noch zwei Steinchen musste er werfen, bis ihr Gesicht hinter der Fensterscheibe erschien, sie endlich öffnete.

»Ich wollte mich bedanken.«

»Warte«, sagte sie und verschwand, und an der Tür fragte sie dann, ob er schon heimfahre.

»Du hast meinem Vater das Leben gerettet.«

»Jetzt übertreibe bitte nicht.«

»Kommst du mit auf den Platz?«

»Ich muss mir aber etwas anderes anziehen«, sagte sie, ließ die Tür offen stehen und lief die Treppe hinauf. Als sie zurückkam und die Tür schloss, fragte sie, ob sein Vater schlafe. Ja, antwortete er. Das werde ihm guttun, sagte sie und erzählte, wie die Ärztin seinen Vater untersucht hatte, wie nett sie zu ihm gewesen war.

Der Platz war belebt, Junge und Alte standen oder saßen herum, Kinder spielten miteinander. Im Gastgarten des Cafés saß Damiano mit Taddeo und Sandro, sie winkten zum Gruß. Ihre Frauen, Monia und Rosanna und Licia, standen vor einem der Häuser dem Café gegenüber, auch sie grüßten. Sveva blieb bei ihnen stehen, und Clemens ging weiter zu den Männern. Er bekam ein Glas Wein und musste berichten, was mit seinem Vater los gewesen war, und da die Männer merkten, wie beunruhigt er war, fingen sie an, Späße zu machen, dachten schließlich an jene Zeit zurück, als sie ihre Väter geärgert hatten.

»Jetzt kriegen wir das alles zurück«, sagte Taddeo und wies zu Andrea, seinem Sohn, der mit Damianos Sohn Vito raufte. Monia, Damianos Frau, lief zu den Buben, und als Damiano und Sandro lachten, riefen die Frauen ihnen die Frage zu, was da so lustig sei. Clemens brachte ihnen Gläser mit Wein, und als er zum Tisch zurückkehrte, waren die Männer in einen Streit geraten, eines Fußballspiels wegen, das sie im Fernseher gesehen hatten.

»Wie geht es in der Arbeit?«, fragte Damiano ihn, bevor er zum Anstoßen aufforderte. Gut, antwortete Clemens und erzählte über die Bank. Doch als er von der Toilette zurückkam, stand Damiano bei den Frauen.

»Hast du die drei Deutschen gesehen?«, murmelte Sandro, und mit dem Kopf deutete er zu den Frauen, die vor dem nächsten Haus standen, Gläser in den Händen hatten.

»Ja«, antwortete Clemens.

»Wenn ich nicht verheiratet wäre«, sagte Sandro.

»Wie würdest du dich mit ihnen unterhalten?«, mischte Taddeo sich ein. »Du würdest dich schon wieder blamieren.«

»Wieso blamieren?«, fragte Sandro. Und als Taddeo antwortete, kicherten beide bei der Erinnerung an jene Sommerferien, als sie es gewagt hatten, sich mit Mädchen deutscher Touristen zu verabreden.

»Und du wolltest uns keinen Dolmetscher machen«, sagte Sandro zu Clemens.

»Ich habe euch gleich gesagt, dass ich es nicht mache.«

»Wären die da nichts für dich?«

»Genau«, sagte Taddeo, und zusammen mit Sandro lachte er auf. Die deutschen Frauen blickten zu ihnen, lächelten und flüsterten einander ins Ohr. Auch Rosanna und Licia blickten zu den Männern, doch waren sie dabei ernst. Clemens sah zu Damiano, der mit Editta, seiner Tochter, zu der Musik tanzte, die aus einem der Fenster über ihnen kam. Licia hob ihre Hand und wies auf ihre Uhr, und Sandro breitete die Arme aus, rief, er habe doch morgen frei. Damiano sprang zu Licia, um sie zum Tanzen herauszufordern, und die Kinder klatschten in die Hände.

So leise, wie er aufgestanden war, stahl er sich aus dem Haus. Ein Mal nur läutete er an, und schon öffnete Sveva die Tür. Ob sie vielleicht Lust habe, zusammen mit ihm für seinen Vater zu kochen, fragte er, und sie ließ ihn hereintreten. In der Küche fragte sie, ob sein Vater noch schlafe, und er bejahte, sah dann durchs offene Fenster auf den Garten, der vernachlässigt, geradezu verwildert war. Sie bemerkte seinen Blick und sah auch hinaus. Sobald die Renovierung des Hauses fertig sei, komme der Garten an die Reihe, sagte sie und fragte, was er für seinen Vater denn kochen wolle.

»Eine Pilzsoße. Die liebt er. Ich habe sie zwar schon lange nicht mehr gekocht, aber du kannst sie sicher gut machen.«

»Ich habe aber keine Pilze, und dein Vater auch nicht.«

»Wir brauchen frische Pilze, daher fahren wir nach Bajardo.«

»Ich höre wohl schlecht. Jetzt willst du Pilze sammeln?«

»Du hast sowieso nichts zu tun.«

»Bitte? Ich habe einiges zu tun. Ich möchte einen anderen Job suchen, ich muss mein Haus renovieren, und der Garten schaut ganz fürchterlich aus, wie du ja gerade feststellen konntest.«

»Ich helfe dir mit dem Renovieren«, sagte er, und wenig später schon kamen sie aus dem Haus. Flott fuhren sie aus dem Parkplatz, und nachdem sie Isolabona verlassen hatten, wurden sie still.

»Dort war ich lange nicht«, sagte Sveva, als Perinaldo sich über dem Tal erhob. »Hast du noch deinen Motorroller?«

»Klar. Bei meinem Vater.«

»Ich habe meinen auch noch.«

»Warum fragst du? Willst du wieder ein Rennen veranstalten? Damiano und Taddeo würden sicher dabei sein. Sandro natürlich auch.«

»Das glaube ich«, sagte sie und blickte zu der schmalen Straße, die von Perinaldo nach Apricale hinunterführte. »Die Straße ist toll. Kannst du dich noch daran erinnern, wie du dort gestürzt bist?«

»Darüber freust du dich immer noch.«

»An sich war es gut, dass es passiert ist, es war eine Lehre für dich«, sagte sie, und er blinzelte zu den Bergen in der Ferne, die sonnenbeschienen waren. Dann fragte er, ob sie sich immer noch daran erinnern könne, wie sie einmal im Wald Licia verloren hätten, und wie Rosanna hysterisch geworden sei. Ob sie das hier nicht vermisst habe, fragte er kurz vor Bajardo, als die Kämme der umliegenden Berge ganz nahe zu sein schienen. Sie habe in Savona andere Sorgen gehabt, als darüber nachzudenken, ob sie das hier vermisse, entgegnete sie, und sogleich erkundigte sie sich, wann er denn hier zuletzt gewesen sei. Keine Ahnung, antwortete er, und dann verfiel er ins Schweigen. Doch als sie am Saum des Waldes aus dem Auto stiegen, lächelte er aufs Neue, und sein Blick glitt über den Friedhof.

»Was?«, stieß Sveva hervor.

»Hast du immer noch Angst vor Friedhöfen?«

»Lass das. Das werde ich euch nie verzeihen.«

»Du hast mir damals beinahe die Hand abgebissen«, sagte er und zeigte ihr die Narbe über seinem Handgelenk.

»Die wirst du das ganze Leben lang tragen müssen.«

»Das war brutal von dir.«

»Wenn euch jemand gesehen hätte, wie ihr mich zu dem Friedhof gezerrt habt, hätte er die Polizei angerufen!«

»Wir haben dich nicht gezerrt, sondern getragen. Warum hast du nur mich gebissen und nicht Sandro?«

»Könnten wir bitte weg von hier?«, sagte sie und beschleunigte ihre Schritte, drehte sich erst um, als der Wald sich hinter ihnen schloss. Da blickte sie in die Baumkronen hinauf und sagte, es sei herrlich hier. Wie jedes Mal, bemerkte er und sah auf die großen Steine, die herumlagen. Wer den ersten Pilz finde, müsse nicht kochen, sagte sie, und als er bejahte, holte sie aus der Erde einen kleinen Steinpilz. Er spiele nicht mit, denn sie sei nicht korrekt, sagte er, und sie kehrte ihm den Rücken zu. Er ging von Baum zu Baum, von Stein zu Stein, doch immer noch war seine Tasche leer, sein Gesicht finster. Sveva freute sich, wenn sie einen Pilz gefunden hatte, mehrmals schon hörte er ihr Jauchzen, und als er dann zu ihr schaute, lag sie auf dem Boden, den Blick in die Baumkrone, die hoch über ihr zum Himmel ragte.

»Diese kühle Luft«, sagte sie.

»Offenbar habe ich doch Glück«, sagte er, den Blick auf einen Steinpilz geheftet.

»Ohne mich hättest du das Glück nicht gehabt«, sagte sie, und er steckte den Pilz in seine Tasche. Sie müsse öfters in den Wald, sagte er, als er sich zu ihr legte. Ja, aber sie habe bislang keine Zeit gehabt, es sei unmöglich gewesen, von Savona wegzukommen, sie habe nur im Café hocken müssen.

»Habt ihr so viele Gäste gehabt? Ist es euch so gut gegangen?«

»Das Café gehört Manfredi. Ich kam mir vor wie eine Hilfskraft.«

»Habt ihr sonst Hilfskräfte gehabt?«

»Nein. Tagsüber war ich im Café, und Nachtdienste machte Manfredi.«

»Jede Nacht warst du allein?«

»Ja«, antwortete sie und setzte sich auf, und er hörte, wie sie mit der Hand durch Blätter fuhr. Ob sie Freundinnen in Savona gehabt habe? Nein. Aber wenn man in einem Café arbeite, dann sei man nicht allein, man sei doch unter Menschen, sagte er. Es sei ein Fehler gewesen, nach Savona zu ziehen, sagte sie, und er setzte sich auf.

»Das konntest du damals nicht wissen. Und du hast sicher viele schöne Tage in Savona erlebt.«

»Die waren bald vorbei. Es waren verlorene Jahre.«

»Du brauchst es nicht zu bereuen. Eines Tages wirst du darüber froh sein, dass du diese Erfahrung gemacht hast.«

»Schau«, sagte sie und holte aus den Blättern einen Steinpilz.

»Wieso zeigen sich die Pilze nur dir?«, wunderte er sich. Er müsse sich mehr bemühen, meinte sie. Wie er sich noch bemühen solle? Er dürfe nicht bloß herumsitzen, antwortete sie, und danach gingen sie weiter, versanken noch tiefer in den Schatten, den der Wald spendete, und als sie zum Auto zurückkamen, lagen Pilze auch in Clemens'

Tasche. Auf der Heimfahrt machten sie Späße, doch auf dem Parkplatz in Isolabona hörten sie auf.

»Schon wieder streiten sie sich«, sagte Sveva, die Augen auf die Buben gerichtet, die auf dem Fußballplatz einander anschrien. Sie stieg aus, winkte mit der Hand, und der kleine Gino rief ihr die Frage zu, wann sie endlich mitspiele. Auch Clemens grüßte die Buben, doch verschwand er schnell in die Gasse.

»Du kannst schon zu deinem Vater gehen«, sagte Sveva zu ihm, nachdem sie ihn eingeholt hatte. »Ich bringe noch ein paar Sachen, die wir brauchen werden.«

»Das ist nett«, sagte er, und sie reichte ihm ihre Tasche mit Pilzen. Nein, die könne sie behalten, denn in seiner Tasche gebe es genug Pilze, meinte er noch, ehe er ging. Vor der Haustür nahm er den Schlüssel aus der Hosentasche, doch steckte er ihn wieder ein, läutete und wartete, bis Vater ihn hereinrief. Auf dem Balkon fand er ihn dann.

»Ich dachte, du rufst vorher an oder schickst eine SMS«, sagte Vater, und er zeigte ihm die Tasche. »Was hast du gebracht?«

»Heute gibt es etwas Köstliches«, antwortete er und ging in die Küche, doch als er die Tasche auf den Tisch stellte, lief er auf den Zehenspitzen zurück zum Wohnzimmer. Er spähte zum Balkon, nahm den Schlüssel aus der Hosentasche und schlich zu dem kleinen Schrank.

»Es wäre besser, wenn der Schlüssel bei dir bleibt«, sagte Vater.

»Ich habe mir Sorgen gemacht, deswegen habe ich ihn genommen«, sagte Clemens und trat an die Balkontür. »Ich habe Sveva eingeladen, also genau gesagt, ich habe sie um Hilfe gebeten.«

»Das ist vielleicht eine Frau. Und der Typ hat sie sogar geschlagen.«

»Was?«

»Betrogen und gedemütigt hat er sie.«

»Hat sie es dir erzählt?«

»Nein.«

»Woher weißt du es dann?«

»Hier erfährt man alles. Aber zu Sveva kein Wort. Ich war kein idealer Ehemann, doch so weit bin ich nie gegangen.«

»Wer ist schon ideal«, sagte Clemens, und die Hausglocke läutete. »Es ist offen!«

»Hast du noch nicht angefangen?«, sagte Sveva, als sie ins Wohnzimmer kam.

»So schnell bist du da?«, wunderte er sich.

»Ihr müsst bestimmt hungrig sein«, sagte sie und trat an die Balkontür, und er ging in die Küche. Er hörte ihre Stimme, dann ihre Schritte. Ob etwas passiert sei, fragte sie besorgt. Nein, warum?

»Habt ihr euch gestritten? Dein Vater darf sich nicht aufregen.«

»Es gab keinen Streit. Er ist nur gerührt, weil wir für ihn kochen. Du machst die Soße, und ich mache die Knödel.«

»Dann los, an die Arbeit«, sagte sie, nahm die Pilze aus der Tasche und fing an, sie zu schneiden. Schweigend vertieften sie sich in die Arbeit, als sie plötzlich Schritte hörten, und Vater betrat die Küche. Er wolle helfen, sagte er, und Clemens schlug die Hände zusammen.

»Es sollte eine Überraschung sein«, sagte er, vor lauter Aufregung auf Deutsch.

»Lass ihn«, sagte Sveva, auf Deutsch.

»Ich möchte mit euch kochen«, sagte Vater, auch auf Deutsch, und danach trat er zu Sveva. »Es riecht wunderbar.«

»Ja, es riecht wunderbar«, wiederholte sie und machte am Herd Platz.

»Seit wann sprecht ihr miteinander deutsch?«, fragte Clemens, und Vater nahm einen Löffel, um die Soße zu kosten. Perfekt, sagte er dann zu Sveva.

»Schmeckt gut«, sagte sie, und er legte die Löffel auf die Küchenzeile, strich über ihren Arm. Und nachdem er einen Blick auf die Knödel geworfen hatte, lobte er auf die gleiche Art Clemens. Ob sie noch mehr Überraschungen für ihn hätten, fragte Clemens schnell Sveva, doch das verstand sie nicht, suchte mit dem Blick Hilfe bei seinem Vater. Er übersetzte es ihr, wandte sich zu Clemens und erklärte, erklärte auf Italienisch, Sveva lerne Deutsch, weil sie einen anderen Job brauche. Mit Sprachkenntnissen würden ihre Chancen steigen, sagte er, und dann erzählten beide, an welche Jobs sie gedacht hatten.

Nach dem Essen machte Vater es sich auf dem Sofa gemütlich, und als Sveva ihm verriet, woher sie die Pilze hatten, lächelte er vergnügt.

»Dafür wird er mir mit der Renovierung meines Hauses helfen«, sagte sie noch, und Clemens fragte, ob sie gleich morgen anfangen würden. Es dauerte dann nicht lange, und Sveva wurde müde, entschuldigte sich und stand auf, um sich zu verabschieden. Wann sie denn gestern schlafen gegangen sei, fragte Vater und stand auch auf. Der Wald habe sie müde gemacht, sagte Clemens. Danke, danke vielmals, sagte Vater auf Deutsch und schloss Sveva in die Arme, danach fragte er, wann sie morgen mit der Arbeit beginnen würden.

»Keine Ahnung«, antwortete sie. »Warum fragst du?«
»Weil ich euch helfen könnte.«
»Das ist lieb von dir, aber es wird nicht nötig sein.«

Ihre Haustür stand angelehnt, und auf dem Küchentisch wartete das Essen. Clemens hörte ein Geräusch, das aus dem Keller kam, nahm eines der zwei Sandwiches und stieg die Treppe hinunter. Sveva war in dem ersten Kellerraum, machte gerade Anstalten, mit dem Malen der Wände zu beginnen.

»Magst du hier malen oder dort?«, fragte sie und deutete mit dem Kopf zu der Tür des zweiten Raums.
»Ich dachte, wir werden jeden Raum gemeinsam malen.«
»Wenn du möchtest.«
»So könnten wir plaudern. Ich meine, auf Deutsch plaudern.«
»Ich fürchte, da wird unsere Unterhaltung bald zu Ende sein«, sagte sie, und danach machten sie sich an die Arbeit. Doch kaum hatten sie eine Wand fertig gemalt, läutete Svevas Handy.

»Es ist dein Vater«, kicherte sie, und Clemens sagte, er sei gleich wieder zurück. Er lief in ihr ehemaliges Kinderzimmer hinauf, sah auf das Bücherregal und fuhr mit dem Blick über Buchrücken. Alle deutschen Lehrbücher waren getrennt von den anderen, und schön nebeneinander geordnet standen sie in der mittleren Reihe. Eines davon nahm er heraus und blätterte darin. Einige Seiten trugen Anmerkungen, und er erkannte Svevas Handschrift. Er stellte das Buch zurück ins Regal, ging wieder nach unten.

»Dein Vater hat gefragt, ob wir Hilfe brauchen.«
»Das habe ich mir gedacht.«

»Ist was?«

»Ich wusste nicht, dass du so gut eingedeckt bist mit Lehrbüchern für Deutsch.«

»Du schnüffelst in meinen Sachen herum?«

»Ich wollte dir meine leihen, aber vorher wollte ich noch schauen, ob du vielleicht schon welche hast.«

»Du kannst mich nächstes Mal gern fragen, wenn du etwas wissen möchtest.«

»Warum hast du nie gesagt, dass du Deutsch gelernt hast?«

»Ich habe versucht, Deutsch zu lernen, aber ich habe es aufgegeben.«

»Warum hast du mich nicht um Hilfe gebeten?«

»Sag bitte nicht, dass du mir geholfen hättest.«

»Vielleicht hätte ich dir sogar gern geholfen«, sagte er und fing mit dem Malen an. Und nachdem sie auch den zweiten Raum gemalt hatten, gingen sie in den Garten hinaus, setzten sich auf die Bank unter dem Küchenfenster und tranken eine ganze Flasche Mineralwasser aus. Ob sie gleich auch das Vorzimmer machen würden, fragte er, und sie sah ihn an. Und wieder musste sie lachen beim Anblick seines Haars, auf dem weiße Farbtropfen leuchteten. Ihr Handy läutete. Sie begrüßte Rosanna, stand auf und ging zur Tür. Als sie das Handy einsteckte und zurückkam, sagte sie, Rosanna habe sie gebeten, auf Andrea aufzupassen. Taddeo habe sich an der Hand verletzt, Rosanna müsse ihn ins Krankenhaus fahren. Was Taddeo gemacht habe, wie es passiert sei, fragte Clemens.

»Er ist beim Fensterputzen ausgerutscht. Jetzt können wir leider nicht mehr weitermachen.«

»Wieso nicht?«

»Wenn der Kleine da ist.«

»Wir könnten alle ans Meer fahren.«

»Meinst du? Du hast aber deine Badesachen nicht mit.«

»Die holen wir unterwegs ab, dann fahren wir weiter nach Menton.«

»Ich rufe Rosanna an, damit sie Andreas Badesachen mitnimmt.«

Sie standen schon draußen in der Gasse, warteten vor dem Haus, bis Rosanna mit Andrea eintraf. Rosanna bedankte sich und eilte zurück nach Hause, und Clemens fragte Andrea, ob er schon mal in Menton gebadet habe. Zwei Mal schon, antwortete Andrea und erzählte, wie er dabei mit seinem Papa die Mama geärgert hatte. Er freute sich lautstark, als er in Grimaldi Superiore in Clemens Wohnung durfte, und seine Augen funkelten wie die von Taddeo. Sveva wartete im Auto, sie startete den Motor schon, als die beiden den Parkplatz betraten, und den ganzen Weg über musste sie dann zuhören, wie Andrea erzählte, was alles er von Clemens Balkon aus gesehen hatte. Auf dem Parkplatz in Menton musste Andrea Sveva seine Hand geben, und am Strand Clemens dabei helfen, den Sonnenschirm aufzustellen. Im Wasser fing er damit an, Sveva zu bespritzen, doch als sie ihn spüren ließ, wie leicht sie ihn würde ertränken können, bekam er es mit der Angst. Mädchen seien saublöd, schrie er, als sie zu ihm sagte, er dürfe kein Mädchen unterschätzen. Doch dann lenkte Clemens ab, indem er sie zum Wettschwimmen herausforderte. Und als er mit Sveva unter dem Wasser verschwand, lächelte Andrea wieder. Sie holten ihre Taucherbrille und tauchten alle zusammen, und nachdem sie sich am Strand auf ihre Matten gesetzt hatten, sprachen sie darüber, was alles sie unter dem Wasser gesehen hatten.

»Jetzt sind deine Haare wieder sauber«, sagte Andrea plötzlich zu Clemens.

»Ja«, murmelte Clemens nur und legte sich hin.

»Wie hell sie sind.«

»Lass ihn bitte, er möchte sich ausruhen«, sagte Sveva zu Andrea, und dann erzählte sie ihm, wie sie das Schwimmen gelernt hatte. Clemens schlief kurz ein, und als er aufwachte, lag er unter dem Schirm allein. Er setzte sich auf und sah, wie Sveva mit Andrea im Wasser spielte. Sie schwammen und tauchten, und als sie aus dem Wasser stiegen, duschten sie.

»Wir haben den besten Platz auf dem ganzen Strand«, sagte Andrea danach zu Clemens.

»Es ist unser Lieblingsplatz«, sagte Clemens, und da vernahm er deutsche Sprache. Er drehte sich unauffällig um und sah einen Mann und ein kleines Mädchen. Auch Sveva und Andrea blickten zu ihnen. Der Mann meinte, es seien zu viele Menschen hier, das Mädchen aber freute sich aufs Meer. Sie legten ihre Sachen auf den Boden, zogen sich aus, und ihre Stimmen übertönte das aufgeregte Deutsch einer Frau. Kaum sei sie aus dem Auto gestiegen, fluchte die Frau, seien schon Parkscheinkontrolleure gekommen. Wie die Geier hätten sie sich auf sie gestürzt, fügte sie noch hinzu, und Sveva fragte Clemens leise, ob es Deutsche oder Österreicher seien. Deutsche, antwortete er und legte sich. Nach einer Weile hörte er, wie Sveva und Andrea noch einmal baden gingen, und als er sich später aufsetzte, sah er sie aus dem Wasser steigen. Doch diesmal kam Sveva allein zu ihm zurück, denn Andrea blieb bei der Dusche, um zuzuschauen, wie das deutsche Mädchen eine Burg aus Sand machte. Sie möge sich endlich duschen, rief die Frau dem Mädchen zu, doch es schüttelte verneinend den Kopf. Andrea sprach das Mädchen an, es wandte sich aber seiner Burg zu. Ein typischer Italiener, bemerkte die Frau. Wieso sie wisse, dass er ein Italiener sei, fragte der Mann. Das erkenne man doch gleich, antwortete sie. Bei dem Blonden hier hätte man es aber nicht erkannt, meinte der Mann. Ja, die Italiener seien auch schon so gemischt, sagte die Frau, und Sveva neigte sich zu Clemens.

»Ich glaube, sie sprechen über dich.«

»Du machst Fortschritte«, murmelte er, und Andrea sprang auf seine Strandmatte.

»Die ist so dumm«, sagte er.

»Warum?«, fragte Sveva.

»Sie spricht überhaupt nicht.«

»Weil sie kein Italienisch versteht. Deswegen musst sie doch nicht gleich dumm sein.«

»Wo kommt sie her?«

»Aus Deutschland.«

»Aber hübsch ist sie, findest du nicht?«, sagte Clemens, und Andrea lächelte. Die Frau rief das Mädchen herbei und sagte zu dem Mann, die Stunde werde bald vorbei sein, die Parkscheinkontrolleure hätten sich bestimmt schon auf die Lauer gelegt. Verstohlen spähte Clemens zu der Frau, wandte sich aber wieder Andrea zu, der ihm eine Flasche Mineralwasser hinhielt.

»Magst du auch trinken?«

»Gern«, antwortete Clemens, nahm die Flasche und trank.

»Du kannst aber Deutsch. Meine Mama hat gesagt, dass du Österreicher bist.«

»Er ist in Österreich geboren, aber eigentlich ist er Italiener«, sagte Sveva. »Er war so klein wie du, als er nach

Isolabona gekommen ist. Er ist zusammen mit uns, also auch mit deiner Mama und mit deinem Papa, zur Schule gegangen und hat mit uns gespielt.«

»Er hat so blonde Haare. Genau wie die Deutschen.«

»Als ob es keine blonden Italiener geben würde«, lachte Sveva.

»Ich könnte dir mal ein bisschen Deutsch beibringen«, sagte Clemens zu Andrea, und Sveva erhob sich, wollte wieder baden. Doch nun sprang nur Clemens mit ihr ins Wasser.

»Du hast dich aber nie als Ausländer gefühlt, oder?«, sagte sie, als er sich zum Strand drehte, um Andrea zuzuwinken.

»Ein bisschen schon, ich meine, wenn man zu Hause eine andere Sprache spricht. Und hast du mich als einen Ausländer gesehen? War ich anders als Isolabonas Buben?«

»Nein, du warst genauso ein Idiot, wie die anderen«, gab sie zur Antwort und bespritzte ihn. Andrea lachte, dann rannte er zu ihnen. Und als sie alle aus dem Wasser stiegen, sagte er, er habe Hunger. Sveva meinte, sie würden schon zurück nach Isolabona fahren können, doch Clemens äußerte den Vorschlag, essen zu gehen. Ja, rief Andrea aus, trocknete sich das Haar und zog sich an, und nachdem sie den Strand verlassen hatten, erzählte er, wie er zuletzt mit seinen Eltern in einer Pizzeria gewesen war.

»Ich werde nichts essen«, sagte Sveva zu Clemens, als sie an einem Tisch im Gastgarten Platz nahm. Zu trinken auch nichts? Orangensaft, antwortete sie und fragte Andrea, ob er nicht aufs Klo müsse. Er sei schon gewesen. Wo? Im Wasser, antwortete er und folgte Clemens zur Kasse. Kaum hatten sie dann mit dem Essen angefangen, rief

Rosanna Sveva an, um ihr mitzuteilen, sie seien fertig und würden bald nach Isolabona zurückkommen. Andrea lauschte neugierig, und da neigte er sich zu Clemens und fragte, ob Sveva ihm gefalle. Es sei nicht so schlimm mit Taddeos Hand, sagte Sveva und steckte das Handy ein, und Clemens fragte, was Rosanna noch erzählt habe. Sie habe sich Sorgen gemacht, ob der Kleine nicht anstrengend sei. Überhaupt nicht, sagte Clemens.

»Das habe ich ihr auch gesagt, ich habe nämlich Buben erlebt, die wirklich anstrengend waren«, sagte sie, wobei sie Clemens anstarrte. Die aufgeregte Stimme einer Französin wurde laut, und sie sahen, wie am benachbarten Tisch sich Andrea mit einem Buben prügelte. Sveva holte Andrea zurück, und auf dem Weg nach Isolabona war sie bemüht, ihm ins Gewissen zu reden. Doch als sie auf dem Parkplatz wieder meinte, richtige Männer würden sich nicht prügeln, murmelte er, dass das nicht stimme. Sein Papa habe nämlich gesagt, er dürfe sich nichts gefallen lassen.

»Aber du hast doch gar nicht verstanden, was der französische Bub zu dir gesagt hat!«

3

Sacht berührte Amélie seinen Arm, küsste ihn auf beide Wangen und sagte, sie habe gestern lange nicht einschlafen können. Warum? Weil sie sich mit der Frage beschäftigt habe, was er ihr wohl zeigen werde, antwortete sie, ehe sie ins Auto stieg. Er setzte sich auf den Beifahrersitz und sah sie an. Wieso er sie so anschaue, fragte sie, nachdem sie den Motor gestartet hatte.

»Steht dir gut. Ich meine, deine Frisur.«

»Jetzt habe ich die Haare noch kürzer als du«, sagte sie, und langsam rollten sie aus Grimaldi Superiore. Sie fuhren nach Menton, und dann wechselten sie auf eine Straße, die, im Schatten der Gärten versunken, steil anstieg. Ob die Kurven gar nicht mehr aufhören, erkundigte Amélie sich, und er sah, wie fest sie das Lenkrad hielt. Sie möge sich entspannen, sie fahre ja über eine der schönsten Straßen der Gegend. Aber zugleich eine der gefährlichsten, sagte sie. Sie sei schon über gefährlichere Straßen gefahren, bemerkte er. Und eines Tages sei sie dabei einem Verrückten begegnet, sagte sie. Was sie gestern gemacht habe? Sie sei im Garten gewesen, habe gelesen. Was sie gelesen habe, fragte er weiter, und sie lachte. Das nächste Mal möge er dafür sorgen, dass die Namen der Ortschaften verschwinden würden, wenn er sie überraschen wolle. Darauf könne sie sich verlassen, sagte er, und sie blickte zu der Burgruine, die hoch über ihnen thronte.

»Nach Sainte-Agnès wollte ich schon so oft schauen«, sagte sie.

»Und warum hast du es nicht getan?«

»Weil ich Angst davor hatte, allein zu fahren.«

»Ich verstehe.«

»Dass wir ausgerechnet nach Sainte-Agnès fahren. Als ob du meine Gedanken lesen könntest.«

»Ich war schon lange nicht mehr hier, und als ich unlängst am Strand in Menton lag, fiel mir die Burgruine ins Auge«, sagte er und sah auf zwei Frauen, die am Straßenrand standen, die Küste betrachteten. »Magst du auch anhalten und schauen?«

»Nein. Wann warst du zuletzt in Sainte-Agnès?«

»Zuletzt war ich als Schüler dort, mit der Schulklasse«, antwortete er und erzählte. Dann erschien der alte Bunker, und die ersten Häuser des Dorfes erhoben sich aus den Gärten. Sie stellten das Auto auf den Parkplatz, der vor dem Bunker lag, und gingen zur Aussichtsstelle.

»Ich dachte, ich hätte von meiner Terrasse aus den besten Ausblick«, sagte Amélie, und ihr Blick glitt über die blauen Töne des Meeres, verharrte schließlich auf Menton, das in der Tiefe lag, noch kleiner aussah. Er habe von seinem Balkon aus auch eine schöne Aussicht, sagte er, und danach führte er sie zum Bunker. Ob er wirklich hinein wolle, fragte sie am Eingang. Unbedingt, gab er zur Antwort, bevor sie hineintraten. Ein Mann, der wie ein Soldat angezogen war, stand an der Kasse, er nahm von Clemens das Geld und wünschte viel Spaß, doch sah er beide noch einmal an und fragte, ob sie vielleicht etwas Wärmeres zum Anziehen hätten, denn drinnen sei es kalt.

»Dann bleiben wir sogar länger dort, ich sterbe nämlich fast vor Hitze«, sagte Amélie, und danach traten sie durch eine massive Tür in einen Videoraum, wo ein Film lief. Ob sie sich den Film anschauen wolle, fragte Clemens, doch sie verneinte.

»Es ist mir zu düster hier.«

»Und da sind wir erst am Anfang«, sagte er und führte sie aus dem Raum. Ein Labyrinth aus großen und kleinen

Gängen öffnete sich ihnen, und die Luft wurde kühler, spürbar feucht. Wenn sie hier alleine wäre, würde sie gleich wieder hinausrennen, sagte Amélie, und er verschwand hinter einer Tür. Warte!, rief sie, und schon lief sie ihm nach. Es sei offenbar eine Küche gewesen, sagte er, und sie sah überrascht auf die große alte Einrichtung, die in dem Raum stand.

»Stell dir vor, man würde uns in dem Bunker einsperren«, sagte sie.

»Aber eine Küche und einen Fernseher hätten wir. Ist dir wirklich nicht kalt?«

»Was würdest du machen, wenn mir doch kalt wäre?«

»Ich würde dir mein T-Shirt und meine Hose anbieten, und ich würde natürlich schauen, dass du dich endlich bewegst«, erwiderte er, und sie versetzte ihm einen Klaps auf die Schulter. Fast jeden Raum betraten sie, schauten durch kleine Fenster hinaus aufs Meer, besprachen die Skulpturen von Soldaten und betrachteten Kanonen, und als sie nach draußen kamen, liefen sie in die Wärme der Sonnenstrahlen.

»Lass uns hinauf zur Burgruine schauen«, sagte Clemens, und je höher sie dann stiegen, umso heißer war die Sonne. Wie weit es noch sei, erkundigte Amélie sich, und da sah sie ein kleines und schlichtes Haus, an dessen Fenster ein blonder Mann stand. Ob man hier Eintritt zahlen müsse, fragte Clemens den Mann, als er eine Schüssel mit Geldscheinen und Münzen auf dem Fensterbrett bemerkte. Man bitte um eine freiwillige Spende, antwortete der Mann, und Amélie blickte zu dem Botanischen Garten, der vor der Burgruine lag. Der sei schön, sagte sie. Es stecke viel Arbeit in dem Garten, sagte der Mann, und Clemens legte Geld in die Schüssel, ging weiter. Mit Kopfnicken begrüßte er ein altes Paar, das von der Burgruine zurückkam, und dann sah er Amélie an.

»Haben Sie alles gesehen?«, fragte der blonde Mann das Paar auf Deutsch, und Clemens warf einen Blick zu ihm. Amélie hockte sich hin, und ihre Finger strichen über kleine Pflanzen. Er hockte sich zu ihr und fragte, wie die heißen. Sie antwortete und sagte, sie habe schon überlegt, zu Hause auch einen kleinen Botanischen Garten anzulegen, und dann nannte sie Pflanzen, die sie gern haben würde.

»Sie sprechen Deutsch, nicht wahr?«, hörte Clemens plötzlich in deutscher Sprache. Er richtete sich auf, drehte sich um und bejahte auf Deutsch. Auch Amélie richtete sich auf, doch sagte sie nur, sie verstehe leider nicht. Ob er aus Deutschland komme, fragte der Mann Clemens, weiterhin auf Deutsch. Nein, aus Italien, er sei in Italien aufgewachsen. Und wo? In Isolabona. Amélie ging weiter, und der Mann erzählte Clemens, wie er vor Jahren, damals als Archäologe, nach Frankreich gekommen war. Er habe sich sofort in Sainte-Agnès verliebt, sagte der Mann noch, bevor er zurück zu seinem Haus eilte, und Clemens suchte mit den Augen nach Amélie. Am Ende des Gartens fand er sie schließlich, sah, wie sie vor einem kleinen Baum stand. Sie zeigte ihm jene Pflanzen, die ihr besonders gefielen, strich über sie und roch an ihnen, hockte sich hin und richtete sich wieder auf, fragte wie nebenbei, was der Mann erzählt habe. Clemens antwortete, und dann betraten sie die Burgruine, stiegen auf eine kleine Aussichtplattform hinauf. Bei klarer Sicht könne man bestimmt bis nach Korsika sehen, sagte Amélie, und eine SMS kam auf ihr Handy. Ob das Jeannine gewesen sei, fragte Clemens, nachdem sie die Nachricht gelesen hatte. Ja, antwortete sie, und er merkte, dass sie unruhig war.

»Musst du wieder nach Aix-en-Provence?«

»Nein«, antwortete sie, steckte das Handy ein und sah zur italienischen Küste. »Du hast gesagt, dass du deinen Vater besucht hast, als ich fort war. Aber seit ich zurück bin, besuchst du ihn nicht mehr.«

»Wie kommst du plötzlich auf meinen Vater?«

»Ich möchte nicht, dass du ihn meinetwegen vernachlässigst.«

»Es kümmert sich immer noch eine Bekannte von uns um ihn. Und dein Vater? Wo ist er eigentlich?«

»Ich habe keinen Vater.«

»Jeder hat einen Vater.«

»Er ist abgehauen, als ich noch klein war, ich kann mich kaum an ihn erinnern.«

»Habt ihr in Draguignan in der Gasse gewohnt, wo wir geparkt haben? Du brauchst dich dafür nicht zu schämen.«

»Das tue ich nicht, aber ich will darüber nicht sprechen. Ich habe schon als Mädchen davon geträumt, anders zu leben als meine Mutter.«

»Möchtest du schon nach unten gehen?«

»Lass uns noch bleiben.«

Als sie dann die Burgruine verließen, stand der blonde Mann wieder am Fenster seines Hauses. Der habe es nett hier, sagte Amélie zu Clemens, und den ganzen Weg zum Parkplatz hinunter sprach sie darüber, wie sie den Garten gestalten und die Tage darin verbringen würde. Und es gebe noch so viele Bücher, die sie lesen wolle, die sie hier würde lesen können, sagte sie, als sie in das Dorf kamen. Pastellfarbene Häuser umgaben sie, deren Fassaden sauber und deren Fenster voller Blumen waren, und Amélie wurde still. Fast so schön wie in Roquebrune, sagte sie dann am Ende der Gasse, doch Clemens war ihr abgewandt, als hätte er ihr nicht zugehört, starrte auf ein lavendelblaues Haus, das zum Verkauf stand. Er habe schon viele Häuser gesehen, aber das hier sei etwas Besonderes, sagte er.

»Wer weiß, vielleicht wirst du es dir eines Tages leisten können.«

»Das glaube ich nicht.«

»Dazu kann es früher kommen, als du dir vorstellen kannst«, meinte sie und trat aus der Gasse auf einen kleinen Platz. Er folgte ihr und fragte, ob sie auch Blumen an Fenstern habe. Er müsse sie mal besuchen kommen, damit er ihr Haus begutachten könne, antwortete sie und begrüßte eine Frau, die vor einer Galerie saß. Auch er grüßte die Frau, und Amélie lenkte ihre Schritte zu dem Souvenirladen auf der anderen Seite des Platzes.

»Wir können hineinschauen, wenn du magst«, sagte er, und dann betraten sie den Laden. An jeder Wand leuchteten Farben, provenzalische Farben, und jedes Regal war mit Souvenirwaren gefüllt. Die habe sie mal ihrer Mutter gebracht, sagte Amélie, als sie Schüsseln mit Olivenmotiven sah. Und die habe sie zu Hause, kicherte sie, den Finger auf Tassen gerichtet. Sie strich über kleine Feenfiguren und Keramikzikaden, betrachtete Wanduhren, Tücher und Schürzen, und als sie den Laden verließen, sagte sie, sie habe diese Souvenirs schon als Kind geliebt.

»Du hast sicher vieles davon gehabt.«

»Als Kind habe ich so gut wie nichts davon gehabt, obwohl ich sie mir so sehr gewünscht habe«, sagte sie und blickte zu einer jungen und eleganten Frau, die, einen kleinen Hund an der Leine, ihnen entgegenkam.

»Man kann halt nicht alles haben«, sagte Clemens und sah, wie der Hund an die Wand eines Hauses pinkelte.

»Genau das hat meine Mutter auch gesagt«, bemerkte Amélie, und aus dem oberen Fenster des Hauses kippte eine alte Frau einen Topf voll Wasser hinunter. Das Wasser traf die bepinkelte Wand und platschte auf den Boden, die junge Frau warf einen Blick über ihre Schulter und verdoppelte ihre Schritte.

Erst auf dem Parkplatz hörte Amélie auf zu lachen, und vor ihrem Auto bat sie Clemens, das Fahren zu übernehmen. In Menton fragte sie dann, ob er auch gern ein Eis haben würde, und nachdem sie ausgestiegen waren, führte sie ihn in einen Eissalon. Sie bestellte das Eis und fragte, ob er den Eissalon kenne. Ja, antwortete er, und bis sie das Eis bekamen, erzählte sie, welche Eissalons sie noch kannte.

»Gefällt sie dir?«, fragte sie, als er zu der Verkäuferin blickte, die sich gerade mit alten Frauen unterhielt. Ja, antwortete er wieder nur. Ein armes Mädchen, sagte sie.

»Warum sollte sie arm sein?«

»Der Eissalon ist nett, nicht aber die Arbeit hier. Sie ist doch hübsch, warum sucht sie sich nicht einen Mann, der Geld hat, dann würde sie das hier nicht nötig haben.«

»Sie vermittelt nicht den Eindruck, als wäre sie unglücklich.«

»Kann man es so schnell erkennen?«

»Man kann es spüren.«

»Man kann sich täuschen, und wenn es um Frauen geht, da täuschen Männer sich oft«, sagte sie, und er sah, wie ein kleiner Bub in die Arme der Verkäuferin lief. Ob sie schon darüber nachgedacht habe, ein Kind zu haben, fragte er, und sie schaute ihn überrascht an. Nein, erwiderte sie.

Sein Handy läutete, er nahm es und blickte durchs Fenster, sah in die Ferne des Meeres.

»Deinem Vater geht es wieder schlecht, aber er will nicht, dass ich die Ärztin anrufe. Vielleicht solltest du mit ihm reden.«

»Ich schaue gleich vorbei«, sagte er, und wenig später schon fuhr er los. Und als er in Isolabona ankam, sprang er aus dem Auto und eilte in die Gasse. Rasch trat er ins Haus, doch da hörte er Svevas Stimme, die aus dem Schlafzimmer drang. Er schlich zur Schlafzimmertür, und versteckt lauschte er.

»Sie hätte sich darüber so gefreut, wenn du ihre Bücher gelesen hättest«, sagte Sveva.

»Glaubst du?«

»Sie hätte sich sicher gern mit dir über die Geschichten unterhalten.«

»Und wenn sie mir nicht gefallen hätten? Dann hätten wir uns gestritten.«

»Aber die eine, die du gelesen hast, die hat dir doch gefallen.«

»Wieso hat sie es mir nie gesagt, dass sie es sich wünschen würde?«

»Frauen haben manchmal Wünsche, die sie nicht aussprechen können«, antwortete Sveva, und Clemens trat in das Zimmer. Sveva, die auf dem Bett saß, blickte in seine Augen und erhob sich.

»Hast du es doch geschafft, vorbeizuschauen«, sagte Vater.

»Ich hole den Tee«, sagte Sveva und ging in die Küche.

»Du musst dich untersuchen lassen«, sagte Clemens, als er sich auf das Bett setzte. »Ich rufe die Ärztin an.«

»Nein, es geht mir schon besser.«

»Oder ich fahre dich zu ihr«, schlug Clemens vor, und Vater nahm seine Hand.

»Das ist lieb von dir, aber ich will das nicht. Ist alles in Ordnung? Du hast Sorgen. Du weißt, ich möchte, dass du glücklich bist.«

»Du kannst mich gleich glücklich machen, wenn du dich untersuchen lässt«, sagte er, und Vater sah zur Tür, lächelte und ließ seine Hand los. Sveva kam herein, sie stellte die Tasse mit Tee auf das Nachtkästchen und fragte Clemens, wie lange er bleibe. Warum? Weil sie inzwischen ihre Wäsche waschen könne. Er sei zwar um sieben verabredet, aber er werde absagen. Sie werde um sieben da sein, sagte sie und eilte hinaus. Kaum war die Haustür zugegangen, schon bat Vater ihn, ihm beim Aufstehen zu helfen.

»Das geht doch nicht. Du musst im Bett bleiben.«

»Ich möchte auf den Balkon.«

»Aber nur für eine Weile«, sagte Clemens, und dann führte er ihn auf den Balkon. Als er dann den Tee brachte, fragte Vater ihn, ob er auch eine Tasse trinke. Nein, antwortete Clemens und blickte zur Brücke, wo Damianos Kinder miteinander spielten. Auch Vater blickte zur Brücke.

»Deine Mutter hat sich so sehr Enkelkinder gewünscht. Und ob ich es erleben werde, Enkelkinder zu haben? Du lässt dir so viel Zeit.«

»Wie alt warst du, als ich geboren wurde, wenn ich fragen darf?«

»Wir haben solche Angst gehabt, dass du hier unglücklich sein wirst«, sagte Vater plötzlich, den Blick auf Vito gerichtet, der Editta am Arm gefasst hatte. »Als du noch klein warst, da war es für uns am schlimmsten. Wir wussten nicht, wie du den Umzug in ein fremdes Land vertragen wirst, ob du schnell neue Freunde findest.«

»Ich wurde hier gut aufgenommen. Und neue Freunde und Freundinnen habe ich ja gleich gefunden.«

»Du hast manchmal so traurige Augen gehabt, und wir haben uns gedacht, dass du vielleicht Heimweh hattest. Wir haben Angst gehabt, du wirst es uns eines Tages vorwerfen, dass wir dich zu einem Fremden gemacht haben. Ich habe mich hier immer fremd gefühlt, aber ich habe nie aufgehört, das Land zu lieben. So ist es auch deiner Mutter gegangen.«

»Ich bin euch dankbar dafür, dass ihr mich hierhergebracht habt«, sagte Clemens, und Vater lächelte Vito an, der ihm zuwinkte. Er erwiderte seinen Gruß, und dann erinnerte er sich an jene Zeit, als die Eltern der beiden auf der Brücke gespielt hatten, genauso laut gewesen waren.

Sveva kam, wie sie es versprochen hatte, sie blickte ins Schlafzimmer, drehte sich um und lief ins Wohnzimmer.

»Seid ihr verrückt!«, rief sie, wobei sie Clemens ansah.

»Vater wollte an die frische Luft.«

»In diesem Zustand?«, sagte sie und trat an die Balkontür.

»Du tust, als wäre ich schon halbtot«, sagte Vater.

»Gesund bist du aber nicht.«

»Wer ist schon gesund.«

»Vater geht es wirklich besser«, sagte Clemens.

»Gut, dann wird er endlich essen.«

»Gern«, sagte Vater und sah Clemens an. »Aber du auch.«

»Nein.«

»Warum nicht? Bist du schon zum Essen eingeladen? Es gibt keine bessere Küche, als die von Sveva.«

»Ich weiß, aber ich muss los.«

»Nein, du weißt es nicht, sonst würdest du nicht weg wollen.«

»Jetzt lass ihn«, sagte Sveva.

»Ich melde mich«, sagte Clemens zu ihr noch, nachdem er sich vom Vater verabschiedet hatte, dann eilte er hinaus. In der Gasse nahm er das Handy und rief Amélie an, und als er in Grimaldi Superiore ankam, wartete sie bereits vor ihrem Auto. Er sagte, er müsse sich noch umziehen und komme gleich zurück, und sie überraschte ihn mit der Frage, ob sie mitkommen dürfe. In der Gasse sagte er dann, weshalb er nach Isolabona habe müssen, und an der Haustür bemerkte er noch, dass er daher nicht habe aufräumen können. Amélie lächelte nur, doch als sie das Wohnzimmer betrat, meinte sie, ein großes Aufräumen sei hier gar nicht nötig. Oberflächlich gesehen nicht, sagte er. Klein, aber gemütlich, sagte sie und holte aus dem Bücherregal ein Buch heraus. Er fragte, ob sie etwas zu trinken möchte. Ein Glas Mineralwasser, antwortete sie, und er ging in die Küche. Als er zurückkam, steckte sie das Buch wieder ins Regal und drehte sich zu ihm. Er führte sie auf den Balkon, wies zum Latte und sagte, dort liege ihr Strand, dann lief er ins Schlafzimmer, zog sich um, und als er auf den Balkon zurückkehrte, war ihr Glas leer. Sie wolle schon fahren, sagte sie und trug das Glas in die Küche. Dass kein schmutziges Geschirr hier herumstehe, wunderte sie sich. Wieso sie das überrasche? Weil sie sich in der Küche eines Mannes befinde, antwortete sie.

Bis zum Parkplatz sprach sie dann darüber, wie sie seine Küche umbauen würde, doch als sie die Tür ihres Autos öffnete, unterbrach er sie mit dem Vorschlag, diesmal sein Auto zu nehmen. Sicher nicht, entgegnete sie. Ob sie sich etwa genieren würde, mit einem alten Auto zu fahren? Ihr Auto sei doch besser, gab sie zur Antwort, ehe sie sich hinter das Lenkrad setzte. Kaum hatten sie dann die Hauptstraße erreicht, schon bemerkten sie, dass es viel Verkehr in Richtung Frankreich gab, und kurz vor Menton gerieten sie sogar in einen Stau. Nahe dem Casino fanden sie schließlich einen Parkplatz, und an der Promenade setzten sie sich in einen Gastgarten, der einen freien Blick auf den Strand gewährte.

»Du bist natürlich eingeladen«, sagte Amélie, nachdem sie das Essen bestellt hatte.

»Deswegen musstest du das Teuerste bestellen? Willst du mir nicht endlich verraten, woher du so viel Geld hast?«

»Ich möchte nicht übers Geld sprechen«, erwiderte sie und sah zur Altstadt. »Bald wird es endlich dunkel. Ich liebe es, wenn alle Lichter angehen. Menton und Monaco sind bei Nacht am schönsten.«

»Ja«, stimmte er ihr zu, und sie erzählte, wie sie zuletzt nachts in Monaco war. Als sie dann aßen, ertönte Musik, und aus dem Restaurant kam eine afrikanische Tanzgruppe gelaufen. Die Männer waren muskulös und die Frauen bildhübsch, alle blutjung, trugen grellfarbige Kleider, die viel nackte Haut sehen ließen. Mitten auf der Straße tanzten sie, und ihre Augen glänzten in strahlendem Lächeln. Auch Amélie strahlte, sie erwiderte jedes Lächeln, winkte sogar einer Tänzerin zu.

»Ich liebe das Exotische«, sagte sie, als der Auftritt zu Ende war. »War das nicht nett?«

»Die sind doch hervorragende Tänzer und so attraktiv, die gehören auf eine Bühne und nicht auf die Straße.«

»Ach, womit du dich beschäftigst. Man muss sich einfach die Show ansehen, die Stimmung genießen.«

»Genau dafür sind sie da, um Stimmung zu machen, damit an den Tischen noch mehr bestellt wird«, sagte er und sah, wie der Kellner auf sie zukam.

»Denen macht es doch Spaß, die wollen tanzen, wollen auftreten«, sagte sie und lächelte dem Kellner zu. Ob es ihnen geschmeckt habe, erkundigte der Kellner sich. Es sei ausgezeichnet gewesen, antwortete sie und fragte Clemens, ob er noch etwas trinken möchte. Er verneinte, und nachdem der Kellner sich entfernt hatte, äußerte sie den Wunsch, in den Park beim Cocteau-Museum zu schauen. Als sie dann wenig später den Park betraten, kicherte sie beim Anblick einer Musikgruppe, die auf einer Bühne spielte. Mehrere Paare tanzten vor der Bühne, junge und alte, angestarrt vom Publikum, das in Rhythmus der Musik klatschte. Am Ende eines Liedes klatschte Amélie mit, und am Rande des Hafens sagte sie, sie könne sich gar nicht daran erinnern, wann sie zuletzt getanzt habe. Er schwieg, und sein Blick wanderte über den Kunstmarkt und die Gastgärten, die den Hafen belebten, ihn noch schöner machten. Danach schritten sie durch den Hafen, in die Düfte heimischer und exotischer Küche getaucht, und als sie an einem Tisch mit Antiquitäten stehen blieben, blickte Amélie zum Mond, der über ihnen hing. Ob der Mond heute nicht größer geworden sei, fragte Clemens, und da merkte er, wie sie sich zu den Mädchen wandte, die am nächsten Tisch standen.

»Ich verstehe nicht, warum es manche Mädchen so weit kommen lassen«, sagte sie.

»Was meinst du denn?«

»Siehst du nicht, wie dick die sind?«

»Na und? Manche Mädchen sind von klein aus etwas mollig.«

»Und sie sagen, sie essen doch gar nichts. In Wirklichkeit haben sie keinen Willen und schaffen es nicht abzunehmen.«

»Ich finde sie hübsch«, sagte er, und sie sah ihn fassungslos an. Doch lächelte sie plötzlich, sagte, sie glaube es ihm nicht, denn er wolle sie nur ärgern. Er lachte, und dann fragte er, ob sie noch etwas trinken möchte. Gern, aber nicht hier, gab sie zur Antwort und führte ihn zurück an die Promenade, danach in ein elegant möbliertes Café, das neben einem Palmengarten stand. An einem freien Tisch nahm sie Platz, und von Tönen der Jazzmusik umgeben hob sie an zu erzählen, wie sie als Mädchen davon geträumt hatte, Sängerin zu werden.

Die ersten Wolken zogen auf, und bis er nach Roquebrune-Cap-Martin kam, war der Himmel bedeckt. Sie wartete am Parkplatz, Unruhe lag in ihrem Lächeln, und ihre Augen starrten ihn an. Entschuldige, sagte er nur, und in der Gasse erzählte er, dass Lino angerufen und ihn aufgehalten hatte. Warum Lino angerufen habe, fragte sie.

»Er wollte Fußball spielen.«
»Ich hasse Fußball.«
»Roquebrune ist wirklich schön.«
»Es ist wunderschön«, sagte sie und wies auf einen kleinen Garten. »Solche Gärten gibt es nur hier.«
»Bist du gestern gleich schlafen gegangen?«
»Nein.«
»Das heißt, du hast heute lange geschlafen.«
»Ich war schon früh auf den Beinen, und dann war ich sehr fleißig«, sagte sie und erzählte, wo überall sie einkaufen war, was alles sie gemacht hatte. Am Ende der Gasse schloss sie eine Haustür auf, die hellblau war wie die Farbe

der Fensterläden darüber, trat ein und bedeutete ihm, hereinzukommen. Er folgte ihr in einen Flur, sah durch eine geöffnete Tür eine geräumige Küche, deren Fenster und Glastür dem Garten zugewandt waren, dann schritt er weiter in ein großes Wohnzimmer, das mit Mahagonimöbeln eingerichtet war. Bücherregale und ein Flachbildschirm nahmen eine Wand ein, und in der Ecke stand eine Stereoanlage. Amélie öffnete die Tür zum Garten und fragte, ob er Kaffee trinke. Nur, wenn auch sie einen nehme, antwortete er und sah zu der Treppe, die nach oben führte. Sie stiegen über die Treppe hinauf und betraten die Terrasse, die einen Blick auf die Küste gewährte. Toll, sagte er, die Augen auf den Garten gerichtet, dessen Palmen prächtig gewachsen waren und Schatten spendeten. Hier könne man ganze Tage verbringen, ohne die Welt da draußen zu vermissen, sagte Amélie.

»Dass du keinen Pool hast.«

»Bald gibt es hier einen Pool, genau in der Mitte, neben der größten Palme«, sagte sie, und danach gingen sie in den Garten. Sie zeigte ihm ihre Blumenbeete, und als sie den Kaffee brachte, setzten sie sich an den Tisch, der vor dem Haus stand. Ob er glaube, dass er sich hier wohlfühlen würde, fragte sie.

»Wie machst du es, dass es bei dir so sauber ist?«

»Bei mir putzt eine Frau, eine Albanerin«, antwortete sie, und er sah zu der größten Palme.

»Das ist ein guter Platz für einen Pool. Ich glaube, du wirst im nächsten Sommer selten an den Strand kommen.«

»Ich werde trotzdem ans Meer kommen.«

»Der Garten könnte dir auch Gemüse oder Obst geben.«

»Ich kaufe mir frisches Gemüse und Obst, wann immer ich will.«

»Hier kann tatsächlich niemand hereinschauen.«

»Ich bin so gern hier. Wenn es dunkel wird, zünde ich Kerzen an, höre Jazz und trinke ein Gläschen Wein.«

»Wie bist du zu dem Haus gekommen?«

»Über ein Immobilienbüro. Ich habe intensiv gesucht, da ich unbedingt hierher wollte. Aber ich musste das Haus renovieren lassen.«

»Das sieht man«, sagte er, und sie erzählte über die Renovierungsarbeit.

»So, jetzt sollten wir ein bisschen spazieren gehen vor dem Essen«, sagte sie, und eine Weile später verließen sie schon den Garten. Vorbei an Läden und Ateliers stiegen sie die Gasse hinauf, und auf einem kleinen Platz sagte Amélie, hier habe eine Zeit lang Romain Gary gewohnt. Sie habe alles von ihm gelesen, fügte sie hinzu, und sein Blick verweilte auf einem alten Brunnen, dessen Wasserplätschern über den Platz hallte. In der nächsten Gasse begrüßte Amélie eine alte Frau, und er fragte, ob sie schon alle Menschen hier kenne.

»Nein«, antwortete sie und steuerte die Burg an. »Ich lebe zurückgezogen.«

»Geht das überhaupt in so einem Städtchen?«

»Ich finde es nicht gut, wenn Menschen alles voneinander wissen. Manche heiraten sogar untereinander, bekommen Kinder und bleiben das ganze Leben lang in einem Städtchen oder in einem Dorf.«

»Meine Freunde in Isolabona haben Mädchen geheiratet, mit denen wir alle aufgewachsen sind, sie lieben einander, und ihre Kinder spielen in jenen Gassen und auf jenen Plätzen, wo wir alle einst gespielt haben.«

»Ich kann mir das nicht vorstellen«, sagte sie, kaufte die Eintrittskarten und betrat die Burg. Sie führte ihn durch alle Räume, drohte, ihn in das Burggefängnis einzusperren, und als sie auf die Aussichtsstelle trat, wies sie mit der Hand zu ihrem Lieblingsstrand. Er warf einen Blick zu dem Strand, neigte sich dann aber über die Mauer und sah nach unten, auf Dächer und Terrassen, die still und verlassen wirkten.

»Ich möchte, dass wir morgen einen Ausflug machen«, sagte Amélie. »Ich meine, mit dem Hubschrauber. Von Monaco nach Nizza.«

»Woher hast du so viel Geld?«

»Ich habe einen reichen Mann geheiratet.«

»Du bist verheiratet?«

»Nicht mehr. Als ich zuletzt in Aix-en-Provence war, hat es die Scheidung gegeben.«

»Du hast doch erzählt, dass du wegen Jeannine dort warst.«

»Das eigentlich auch, schließlich war sie der Scheidungsgrund«, antwortete sie, und sein Handy läutete. Er setzte es ans Ohr.

»Schon wieder?«, sagte er und drehte sich mit dem Rücken zu ihr. »Sveva? Hörst du mich? Beruhige dich, bitte.«

»Was gibt's?«, fragte Amélie, als er das Handy einsteckte, und er antwortete, er müsse nach Isolabona.

4

Er entsorgte die restlichen Sachen seines Vaters, nahm das Handy und setzte sich auf den Balkon. Ob sie Lust hätte, auf den Platz zu schauen, fragte er. Nein, sie sei müde und werde sich gleich niederlegen, antwortete sie.

»Ich möchte mich bei dir bedanken, ich meine, für die Hilfe bei dem Begräbnis«, sagte er, und danach wünschte er ihr gute Nacht.

Kaum hatte er den Platz betreten, liefen schon Damianos Kinder ihm entgegen. Andrea folgte ihnen, auch er grüßte. Damiano und Taddeo saßen im Gastgarten des Cafés, winkten und riefen Clemens zu ihrem Tisch. Es sei an der Zeit gewesen, dass er mal vorbeischaue, sagte Damiano, als Clemens Platz nahm. Ob er heute gearbeitet habe, fragte Taddeo. Nein, er sei in Bordighera gewesen. Was er in Bordighera gemacht habe, fragte Damiano. Er habe Fußball gespielt, antwortete Clemens und sah, wie Alessa, die Kellnerin, zu ihm blickte. Er bedeutete ihr, drei Gläser Wein zu bringen, dann wandte er sich dem Tisch zu. Ob sie wieder verloren hätten, fragte Taddeo.

»Diesmal haben wir gewonnen.«

»Habt ihr es also doch gelernt, Fußball zu spielen.«

»Wo sind Monia und Rosanna?«

»Die machen bei uns einen Frauenabend.«

»Das heißt, ihr seid mit den Kindern spazieren.«

»Ja, damit sie besser schlafen werden.«

»Und jetzt macht ihr eine Pause«, sagte Clemens und sah zu den Kindern, die mitten auf dem Platz spielten. Dabei verharrte sein Blick auf der kleinen Editta, und die Erinnerung daran kam ihm, wie sie beim Begräbnis seines Vaters in Weinen ausgebrochen war, als sie Tränen in den Augen ihrer Eltern gesehen hatte.

Er läutete an und tat einen Schritt zurück, und die Tür ging auf. Ihm sei eingefallen, dass sie vielleicht Hilfe brauche, sagte er, und sie wich seinem Blick aus. Nein, danke, sagte sie, und Laurina erschien im Vorzimmer, Sandros und Licias Tochter.

»Ja, sie braucht Hilfe!«, rief Laurina lächelnd. »Sie wollte ihr altes Zimmer malen!«

»Das kann warten«, sagte Sveva, doch Clemens trat ein und stieg die Treppe hinauf. Die Möbel waren in die Mitte des Zimmers gerückt und mit Plastikfolien zugedeckt, die Fenster frei von Gardinen, und der Teppich lag zusammengerollt an der Wand. Die Fensterrahmen müssten auch mal gestrichen werden, sagte er, als Sveva zu ihm kam. Das habe sie vor, sie wolle hier alles anders haben.

»Ich möchte es bei mir auch anders und neu haben, ich meine, hier in Isolabona«, sagte er und fragte, ob die Farbe im Keller sei. Ja, antwortete sie und ging zu Laurina, und er machte sich an die Arbeit. Als er dann fertig war und in den Garten kam, saßen die beiden auf der Bank, unterhielten sich und tranken Mineralwasser. Sveva sah ihn an und brach in Lachen aus, und Laurina rief, er schaue wie ein Gespenst aus.

»Lasst uns etwas essen«, sagte er, und Sveva fragte ihn, ob er sich vorher nicht waschen wolle. Warum, murmelte er, wandte sich Laurina zu und fragte, ob sie mit zu ihm komme, um das Essen zuzubereiten. Ja, antwortete Laurina, und unterwegs erzählte sie, wie sie mit Sveva im Garten gearbeitet hatte. An seiner Haustür aber hörte sie auf, und still lächelte sie. Er äußerte den Vorschlag, Baguettes mit Gemüse und Schinken zu machen, und sie sagte, die esse Sveva gern. Wieso sie das wisse? Weil Sveva es mal gesagt habe, als sie bei ihnen zu Besuch gewesen sei, antwortete Laurina.

»Ihr Frauen erzählt euch wirklich alles«, sagte er noch, und dann führte er sie in die Küche. »Warum bist du eigentlich bei Sveva?«

»Weil meine Mama nach Ventimiglia musste. Sie trifft sich dort mit meinem Papa, und dann fahren sie zu einem Freund, um sich ein Auto anzuschauen, das sie vielleicht kaufen werden«, antwortete sie und erzählte, warum das Auto ihr nicht gefiel. Als die Baguettes fertig waren, wurde sie wieder still, und Clemens merkte, wie sie ins Wohnzimmer schlich.

»Du kannst sie dir mal ausborgen, wenn du sie lesen magst«, sagte er, als er sie vor dem Bücherregal stehen sah. Gern, sagte sie, und dann setzte sie sich in den Sessel. Warum sie so ernst sei? Weil sie wisse, dass er traurig sei, antwortete sie, und er lächelte.

»Sehe ich etwa traurig aus?«

»Nein, aber du bist trotzdem traurig.«

»Jeder ist manchmal traurig, so ist das Leben.«

»Du bist ganz allein.«

»Ich habe ja Freunde. Du weißt doch, wenn man Freunde hat, dann ist man nicht allein. Sag, du kennst so viele Kinder, gibt es schon einen Buben, der dir gefällt?«

»Ja, aber er weiß es nicht.«

»Dann musst du es ihm irgendwie zeigen, dass er dir gefällt.«

»So etwas machen Mädchen doch nicht.«

»Entschuldige, aber wie sollen die Buben es erfahren, dass sie den Mädchen gefallen?«

»Das müssen die Buben den Mädchen sagen, dass sie sie hübsch finden.«

»Ach so, danke für den guten Rat«, sagte er, als er plötzlich Sveva bemerkte, die an der Tür stand. Laurina sprang auf, holte die Baguettes, und gemeinsam gingen sie in Svevas Garten zurück. Ob sie sich schon auf die Schule freue, fragte Clemens Laurina, als sie sich an den Tisch setzten, und seine Hand griff nach der Flasche Mineralwasser. Sie nickte, biss in ihr Baguette, und danach erzählte sie Lustiges aus dem vergangenen Schuljahr. Svevas Handy läutete. Gut, bis bald, sagte Sveva nur und steckte das Handy wieder ein.

»War das meine Mama?«, fragte Laurina.

»Ja, sie kommt dich abholen«, antwortete Sveva, und Clemens stand auf. Er werde es oben fertig machen, sagte er, und sie sah ihn überrascht an. Sie habe gedacht, er sei schon fertig geworden. Noch nicht ganz, sagte er, ehe er ins Haus trat, und kaum hatte er das erste Fenster von der alten Farbe befreit, wurde im Garten Licias Stimme laut. Er öffnete einen Schrank, schlug ein Fotoalbum auf, dann hörte er, wie Licia und Laurina sich von Sveva verabschiedeten.

Es dunkelte bereits, als er in den Garten zurückkam. Sveva saß am Tisch, ein Glas in der Hand, sie lächelte und fragte, ob er auch ein Gläschen Wein trinke. Er bejahte und setzte sich zu ihr, und sie sagte, die Kleine rede so viel. Wie alle Frauen, bemerkte er. Genau diese Bemerkung habe sie erwartet, sagte sie und schenkte ihm Wein ein. Schade, dass die Palmen nicht mehr da seien, murmelte er, und sie wunderte sich, dass er sich an die noch erinnerte.

»Die sind leider eingegangen, als ich in Savona war.«

»Magst du keine Palmen mehr haben?«

»Schon, die waren schön, und ich saß so gern unter ihnen.«

»Erinnerst du dich, wie wir einmal mit Damiano und Sandro und Monia unter den Palmen saßen, als es geregnet hat?«

»Natürlich erinnere ich mich daran, damals habe ich meine erste Zigarette geraucht.«

»Dann erinnerst du dich auch, wie schlecht es dir war.«

»Ihr habt euch darüber so gefreut. Nur Monia hat Mitleid gezeigt.«

»Das Gesträuch gehört wieder her, damit niemand in den Garten hereinschauen kann.«

»Meine Eltern haben den Garten geliebt.«

»Das Erdbeerbeet haben wir damals ganz schön zerstört.«

»Ihr wart manchmal solche Mistkerle.«

»Das war doch ein Spaß.«

»Spaß? Ihr wart so grob zu uns.«

»Beim Spielen wird man halt manchmal grob.«

»Du hast mich so aggressiv gestoßen. Ich habe dann vor dem Schlafen sogar geweint.«

»Es war nicht ernst gemeint.«

»Es war nie ernst gemeint«, sagte sie und ging ins Haus, und er lehnte den Kopf an die Wand, schloss die Augen. Da hörte er Schritte und öffnete wieder die Augen, sah, wie Sveva einen Gartenschlauch nahm. So wie sie ihn kenne, würde er sich heute nicht mehr waschen, rief sie, und der erste Wasserstrom traf ihn. Er sprang auf, und sie ließ den Schlauch fallen, drehte den Wasserhahn zu und verschwand im Haus.

Er setzte sich auf und sah, dass seine Sachen fort waren. Geräuschlos stand er auf, ging ins Badezimmer und wickelte ein Handtuch um seine Taille, danach stieg er in die Küche hinunter. Wo denn seine Sachen seien? Im Trockner, antwortete Sveva, sie habe sie gewaschen.

»Fahren wir nach Rocchetta Nervina?«, fragte er. »Ich meine, auf den Fahrrädern.«

»Bitte?«

»Wann waren wir zuletzt dort? Lass uns fahren, meine Sachen müssen schon trocken sein.«

»Und wenn nicht?«

»Dann werden sie an mir fertig trocknen.«

»Du musst aber noch essen«, sagte sie, und er setzte sich an den Tisch. Nach dem Frühstück gab sie ihm seine Sachen, und er holte sein Fahrrad von zu Hause. Sie fuhr als Erste auf die Hauptstraße, dann beschleunigte sie noch. In der nächsten Kurve holte er sie schließlich ein, reichte ihr seine Hand und fuhr so lange neben ihr her, bis ein Auto ihn anhupte. Lachend kamen sie in Rocchetta Nervina an, ließen ihre Fahrräder vor dem letzten Haus stehen und liefen zum Bach. Von großen Hügeln umgeben schritten sie am Wasser entlang, und in den Schatten der Bäume getaucht fühlten sie sich daran erinnert, wie sie hier das letzte Mal gewesen waren. Bald drang nur mehr das Rauschen des Baches in den Vogelgesang, und als der Wasserfall erschien, zogen sie sich aus und sprangen ins Wasser. Er möchte, dass sie öfters hierherkommen würden, sagte er. Es werde aber nicht mehr lange so warm sein. Na und? Das Wasser werde sehr kalt sein. Das Wasser hier sei immer kalt, sagte er, und sie schlang ihre Arme um seinen Hals. Ob er jeden Tag zu ihr komme, fragte sie. Nein. Wieso nicht? Weil er bei ihr einziehen wolle, antwortete er, und sie glitt mit ihren Lippen über seine Lippen. Als sie aus dem Wasser stiegen, sammelten sie ihre Sachen ein und setzten sich auf einen Stein, wo es Sonne und Schatten zugleich gab.

»Wieder hier«, sagte Sveva, und ihr Blick wanderte über die Hügel. »Ich möchte, dass auch bei uns zu Hause die grüne Farbe überwiegt. Die Fensterläden und die Fensterrahmen, die Vorhänge und die Möbel – alles muss grün sein.«

»Wir machen das Haus so, wie du es haben möchtest, und nachher kümmern wir uns um den Garten.«

»Licia ist schwanger«, sagte sie und legte sich hin. »Es weiß noch niemand, außer Sandro, und außer uns.«

»Was für eine Nachricht«, sagte er und legte sich neben sie.

»Sie freuen sich wahnsinnig auf das Baby.«

»Was hat Licia noch erzählt?«

Ihre Haare waren schon ganz trocken, als er sie bei der Hand fasste und ins Wasser führte. Sie sprangen hinein, schwammen, und als sie sich wieder auf den Stein legten, sagte er plötzlich, er wolle nicht, dass sie in dem Eissalon arbeite, sie könne stattdessen sein Haus und seine Wohnung vermieten. Ob ihm das jetzt gerade eingefallen sei? Ja, antwortete er, und sie sagte, er sei immer noch ein Bub. Er nahm ihre Hand, und sie sagte nach einer Weile, er solle seine Sachen schon morgen aus Grimaldi holen. Sie habe um Mittag Schluss im Eissalon, da könne sie mit ihrem Auto nachkommen und ihm helfen. So viele Sachen habe er doch nicht, sagte er, und danach wurde er still.

»Erinnerst du dich oft an deinen Vater?«, fragte sie, und ihr Daumen strich über seine Finger.

»Mit den Eltern verliert man mehr, als man jemals glauben würde.«

»Und das stellt man leider erst dann fest, wenn sie nicht mehr da sind.«

»Ich war dabei, als meine Mutter starb, ich hielt ihre Hand. Mein Vater aber starb einsam, weil ich zu spät gekommen bin.«

»Möchtest du, dass wir ab und zu deutsch miteinander sprechen?«, fragte sie und drückte leicht seine Hand.

»Ja.«

»Du kannst deutsch sprechen, wann immer du willst.«

»Meine Eltern haben dich sehr gern gehabt. Du warst ihr Liebling unter den Kindern. Und mir ist es eines Tages auf die Nerven gegangen, ich habe mich mit ihnen sogar gestritten.«

»Meine Eltern haben dich auch gern gehabt, du hast ihnen gefallen, und deinen Akzent haben sie entzückend gefunden«, sagte sie, und dann schlossen sie beide die Augen. Und als sie die Augen öffneten, war die Sonne bereits hinter den Hügeln versteckt. Engumschlungen lagen sie noch und schwiegen, ehe sie sich auf den Rückweg machten. In Isolabona ließen sie ihre Fahrräder stehen und liefen auf den Fußballplatz, und alle Buben strahlten vor Freude.

»Aber nur so lange, bis der erste Tor fällt«, sagte Clemens zu ihnen und drehte sich Sveva zu. »Ich spiele mit meiner Mannschaft gegen deine Mannschaft.«

»Wie du willst«, sagte sie, und Tizio sah sie beide an, die Augen vor Überraschung geweitet.

»Willst du gewinnen oder ist es dir egal?«, fragte Clemens ihn.

»Gewinnen«, antwortete er mit fester Stimme.

»Dann komm mit«, sagte Clemens und führte ihn auf die andere Feldhälfte. Fast alle Buben schlossen sich ihnen an, nur der kleine Gino blieb bei Sveva.

»Das solltet ihr euch gut überlegen«, drohte Sveva. »Ich werde nämlich nie wieder mit euch spielen.«

»Einige von euch müssen leider zu ihr«, sagte Clemens leise, und die Buben gerieten in einen Streit. Er ließ eine Münze werfen, und kurz danach fing das Spiel schon an. Da sah er, wie Sveva den Ball bekam. Der Ball traf die Torstange, und auf den Fußballplatz legte sich Stille. Nur Gino blieb in Bewegung, rasch schoss er den Ball in das Tor, und vor unbändiger Freude schreiend, lief er auf seine Feldhälfte zurück. Sveva winkte zum Abschied, und auf dem Fußballplatz brach ein neuer Streit aus. Das könne sie den Buben nicht antun, sie hätten noch gar nicht begonnen, richtig zu spielen, rief Clemens ihr nach, als sie ihr Fahrrad bestieg, doch sie fuhr los.

Die Diebin

1

Der Abend war schon angebrochen, als Julian und die Zwillingsbrüder den Botanischen Garten verließen, langsam heimwärts gingen. Vor dem Haus verabschiedete Julian sich von Manuel und Rainer, und schnell lief er die Treppe hinauf. Heftig öffnete er die Tür, rief, er sei hungrig, wolle essen, dann ging er ins Badezimmer. Er wusch sich Hände und Gesicht, zog sich bis auf den Slip aus und sah auf sein Haar, das durcheinander war, im Licht der Glühlampe hell glänzte. Mit beiden Händen strich er das Haar glatt, machte das Licht aus und lief aus dem Badezimmer, doch an der Küchentür hielt er inne. Sie saß am Tisch, zart und klein wie er, am Fenster, auf seinem Platz, in einem Kleid, das voll Farben war. Sie warf einen Blick auf ihn und wandte sich wieder einer blonden Puppe zu, die ein weißes Kleid trug. Noch eine Puppe lag auf dem Tisch, eine Asiatin, die im farbenfrohen Kleid steckte und langes schwarzes Haar hatte. Er blickte in die forschenden Augen seiner Eltern, die auf ihren Plätzen saßen, und sah noch einmal das Mädchen an. Das Gesicht des Mädchens war makellos glatt, seine Augen dunkel spiegelnd; es war ähnlich jenen Touristen, die er oft im Belvederegarten und manchmal auch im Botanischen Garten sah, deren Sprache er nicht verstand, die ihm so fremd waren. Vater stand auf und nahm ihn an den Schultern, um ihn vorzustellen, doch das Mädchen weigerte sich, ihn anzusehen. Sie heiße Lan, sagte Vater, und Mutter fügte hinzu, Lan werde bei ihnen wohnen.

»Sie ist ein Jahr jünger als du«, sagte sie noch. Er blickte auf die Papierschachtel, an der die blonde Puppe lächelte, dann lief er in sein Zimmer, schlug die Tür zu und warf sich aufs Bett. Langsam drehte er sich auf den Rücken, legte die Hand an die Wand, die sein Zimmer von Vaters Arbeitszimmer trennte, und Mutter kam herein. Ob sie ihm das Abendessen herbringen solle? Er gab keine Antwort, und sie setzte sich aufs Bett, nahm seine Hand und blickte in seine Augen, die grünlich glänzten, den ihren so ähnlich waren.

»Wir haben uns schon lange gewünscht, einem der armen Kinder ein neues Zuhause zu schenken, und Lan gefiel uns so sehr. Ihr braucht nur ein bisschen Zeit füreinander. Sie war im Kinderheim. Ihre Eltern sind bei einem Autounfall gestorben, sie ist sehr traurig.«

»Hat sie denn keine Oma und keinen Opa?«

»Nein. Ihre Eltern kamen ganz allein zu uns nach Österreich, nach Wien. Es gibt auch in Vietnam niemand, der Lan zu sich nehmen könnte.«

»Vietnam?«

»Ich weiß, es ist für dich zu schnell gekommen, aber wir haben uns gedacht, wenn Lan schon da ist und du sie gesehen und gesprochen hast, dann wird es für dich vielleicht leichter, als wenn du sie im Kinderheim kennenlernen müsstest«, sagte sie, und er drehte sich zur Wand.

Stimmen weckten ihn, und er hörte, wie seine Eltern ins Nebenzimmer kamen. Er stand auf und trat ans Fenster, sah auf den Botanischen Garten. Rasch zog er sich an, ging in die Küche. Er aß das Frühstück, das auf dem Tisch wartete, und auf Zehenspitzen stahl er sich aus der Wohnung. Erst am Nachmittag kam er dann nach Hause zurück, und überrascht starrte er die neuen Möbel an, die im Vorzimmer standen. Es waren die gleichen Möbel, wie er sie in seinem Zimmer hatte, schwarz und schön, alle aus Holz. Leise öffnete und schloss er seine Tür, doch kaum hatte er sich an seinen Tisch gesetzt, schon kam die Mutter herein. Sie schimpfte, weil er hinausgegangen war, ohne Bescheid zu sagen, dann aber strich sie ihm übers Haar, fragte, ob er mit seinen Freunden im Botanischen Garten gewesen sei. Ja, antwortete er, und sie fragte, was sie gemacht hätten. Sie hätten Verstecken gespielt, antwortete er, und sie gab ihm einen Kuss auf die Stirn, drehte sich um und ging ins Nebenzimmer. Und seine Lippen erzitterten, die Augen wurden tränennass.

Die Wohnungstür ging zu, und er lief ins Nebenzimmer. Sein Blick glitt über getünchte Wände und über die neue Einrichtung, verharrte schließlich auf einem Wandspiegel, der dem Bett gegenüber hing. Er trat an den Tisch, sah in die Schubladen hinein, doch fand er nur Buntstifte und Zeichenblätter. Der Schrank war voll Kleider, ein unbekannter Duft drang an seine Nase, und auf dem Bett lagen die zwei Puppen. Er lief aus der Wohnung, und als er hinaus auf die Straße kam, sah er, wie Vater Lan bei der Hand fasste. Lan trug ein weißes knielanges Kleid, ihr Haar war zum Pferdeschwanz gebunden, eine gelbe Schleife schmückte ihren Kopf. Am Schwarzenbergplatz, beim Heldendenkmal der Roten Armee, neigte Mutter sich zu Lan und sprach auf sie ein, sie aber starrte das Wasser an, das aus dem Hochstrahlbrunnen spritzte, beeindruckend in die Höhe schoss. Am Graben, der wunderbar sonnenbeschienen war, sah er dann, wie sie die kleine Konditorei betraten, die er so mochte, die er so nett fand. Sie nahmen Platz an dem großen Fenster, an seinem Lieblingstisch, und aßen Eis. Danach gingen sie zu den

Kutschen, die am Stephansplatz warteten, und alle drei
streichelten sie ein Pferd. Da richtete Lan ihren Finger
zum Haupteingang des Stephansdoms. Zusammen betraten sie den Dom, doch vor dem Kerzenständer blieb Lan
stehen, und ihr Blick wanderte über die kleinen Flammen
der Kerzen, die unablässig flackerten, alle so schön leuchteten.

Sein Herz klopfte voller Freude, als er Manuel und Rainer
im Botanischen Garten sah. Sie begrüßten einander und
liefen in den Schweizer Garten, kletterten auf Bäume,
lachten. Männer und Frauen, die vor dem Garten standen und in fremden Sprachen miteinander plauderten,
zogen die Aufmerksamkeit Manuels und Rainers auf sich.
Ausländer, lauter Diebe!, rief Manuel, bevor sie alle drei
zum Schloss Belvedere rannten. Im Schlossgarten kletterten sie auf die Statue einer Sphinx, und vor dem Schloss
wollte Julian Rainer fangen. Am Ende eines Weges aber
blieb er stehen, und überrascht sah er seine Eltern und
Lan an, die auf ihn zukamen. Ob er Lust hätte, mit in die
Konditorei zu kommen, fragte Mutter. Nein, antwortete
er, und Vater sagte, er könne seine Freunde mitnehmen.
Er habe aber keine Lust, murmelte Julian, und schon wich
er seinem Blick aus, drehte ihm den Rücken zu.

Schritte wurden laut, und die Toilettentür ging auf. Er
stand auf und lief ins Nebenzimmer, um die Schachtel der
blonden Puppe zu holen. Und als er sie wenig später ins
Nebenzimmer zurückbrachte, waren die Augen der Puppe
daran dunkel und geschlitzt, die Haare schwarz. Die
Hausglocke klingelte, und danach hörte er die Stimmen
der Großeltern aus Linz. Er öffnete den Schrank, griff

nach dem Hemd, als es an seiner Tür klopfte. Beatrix, Vaters jüngere Schwester, trat ein, sie lächelte und schloss ihn in die Arme. Als sie ihn losließ, zog er sich um, und gemeinsam gingen sie ins Wohnzimmer. Wie jedes Mal, begrüßten die Großeltern ihn mit großer Freude, doch wandten sie sich gleich wieder Lan zu, die ihr Geschenk bereits ausgepackt hatte. Auch beim Essen unterhielten sie sich mit ihr, redeten auch im Belvederegarten auf sie ein, und ihm kam die Erinnerung daran, wie er mit Mutter und Vater seine zweite Großmutter in München besucht hatte. Es war das letzte Mal, als er die Münchner Großmutter gesehen hatte, nur drei Monate waren danach vergangen, als sie an einem Morgen nicht mehr erwacht war, alle verlassen hatte.

Mutter saß auf seinem Bett, als er die Augen öffnete, sie lächelte und sagte, er müsse aufstehen. Auf ihrem Schoß lagen das T-Shirt und die Hose, die er von den Großeltern bekommen hatte, und auf dem Tisch stand ein Teller mit Frühstück. Sie wartete, bis er aus dem Bett stieg und zu essen begann, dann ging sie ins Nebenzimmer. Und er hörte durch die geöffnete Tür, wie sie zu Lan sagte, sie brauche vor der Schule doch keine Angst zu haben, sie sei die Schönste, werde bald die Beste von allen sein.

Er ging hinaus, ohne sich zu verabschieden, und auf der Straße beschleunigte er noch seine Schritte. In der Klasse waren schon Kinder, sie saßen in den Bänken und erzählten von ihren Ferien. Er setzte sich in eine freie Bank, sah sich noch einmal um, als er plötzlich das Gelächter Manuels und Rainers hörte. Ob er schon angefangen habe, Vietnamesisch zu lernen? Seine Mama und seine Schwester würden ihn suchen, riefen sie noch, ehe sie zur benachbarten Klasse liefen, und er ging zur Tür, spähte zum anderen Ende des Flurs. Die blonde Lehrerin, die ihn das Jahr zuvor unterrichtet hatte, sprach dort mit seiner Mutter; da strich die Lehrerin Lan über den Rücken, lächelte sie an und führte sie in ihre Klasse.

Ob er mit nach draußen komme, fragte Mutter. Nein, antwortete er, und sie ging zu Lan. Schon bald öffnete er wieder das Fenster, nun aber sah er auf die Straße hinunter. Auf dem weiß gewordenen Gehsteig spielten Vater und Mutter mit Lan, und mit Schnee an Jacken und Haaren jauchzten sie. Sie habe ihm Mama und Papa gestohlen, ging ihm durch den Kopf. Leise drückte er das Fenster zu, und reglos starrte er durch die Fensterscheibe. Der Botanische Garten schwieg, kalt und starr, und über seinen Bäumen segelten Krähen, gewichtlos, einem Schatten gleich.

Auch in der Schule sah er durchs Fenster, immer wieder betrachtete er die winterlichen Bilder, die sich zur Schau stellten, ihn jedes Mal überraschten. Der Himmel war bedeckt, düster und leblos. Als er dann nach dem Unterricht hinauskam, lenkte eine Ansammlung von Kindern seine Aufmerksamkeit auf sich. Zwei Buben bewarfen Lan mit Schneebällen, stießen sie herum, sie aber wehrte sich nicht, sah verängstigt zu den Kindern. Da blickte Julian in ihre Augen, sah, wie sie in Tränen ausbrach, und lächelnd ging er weiter, langsam in den Botanischen Garten.

Kaum hatte er die Wohnungstür geöffnet, schon hörte er Lans und Mutters Stimmen, die aus dem Wohnzimmer drangen. Kurz lauschte er, sah, wie Mutter Lan Familienfotografien zeigte, dann schlenderte er in sein Zimmer.

»Ich wusste gar nicht, dass du da bist«, sagte Mutter, als sie später in sein Zimmer sah. »Wir gehen einkaufen. Sollen wir dir etwas mitbringen?«
»Nein«, antwortete er und zog ein Heft aus seiner Schultasche. Sie trat herein, schloss die Tür und sagte, sie würde sich wünschen, dass er mal mit seiner Schwester spiele. Sie sei doch nicht seine Schwester, murmelte er. Sie könne es werden, da müsste aber er das wollen, sagte sie und ging. Als sie dann mit Lan aus dem Haus ging, lief er ins Nebenzimmer, nahm die asiatische Puppe und ging wieder in den Botanischen Garten. Er kletterte auf einen Baum und steckte die Puppe zwischen zwei Äste, danach kehrte er nach Hause zurück.

Das Licht in der Turnhalle erlosch, und die blonde Lehrerin kam auf die Bühne, um alle Eltern zu begrüßen. Mädchen und Buben lösten sie ab, sie trugen Gedichte vor. Dann ertönte Musik, und eine multikulturelle Modenschau überraschte die Eltern. Nicht zu erkennen waren nun die meisten der Kinder, nur Lan behielt ihre natürliche Erscheinung, war die vollkommene Fremde. Zwei Mal gingen die Kinder im Kreis herum, und schon entfernten sie sich wieder, um Solotänzern die Bühne zu überlassen. Da erschien Lan, ganz allein in das strahlende Licht der Bühne getaucht, und Julian sah, wie seiner Mutter Tränen in die Augen stiegen. Anmutig hob Lan ihre Arme hoch, fing an zu tanzen, und er lief hinaus.

Als er später nach Hause kam, hörte er Gekicher, dann merkte er, dass Lans Zimmer offen stand. Er schlich zu ihrer Tür, spähte hinein und sah, wie sie mit Vater vor einem neuen Fahrrad hockte, wie glücklich sie war.

Manuel und Rainer fingen an, über ihre Großmutter zu erzählen, und er wurde ernst. Eine Weile lang betrachtete er Wolken, die am Himmel zogen, dann schloss er die Augen. Eine Motorsäge wurde laut, und er öffnete wieder die Augen. Die Motorsäge wurde still, und er sah Gartenarbeiter, die über Lans Puppe lachten.

Erst am Abend kam er nach Hause, und kaum hatte er seine Schuhe ausgezogen, begrüßte Mutter ihn. Das Essen sei fertig. Er nickte, und als er sich dann an den Tisch setzte, wartete er schweigend, die Augen auf seinen leeren Teller gerichtet. Lan servierte das Essen, und Vater sagte zu ihm, sie habe die Putenbrust alleine gemacht. Ob es in der Schule etwas Neues gebe, fragte Vater dann, doch Julian verneinte nur. Da sagte Lan, sie habe schon zwei Freundinnen in der Klasse, und Mutter erstrahlte, wollte wissen, wie die Mädchen hießen.

2

Die Eltern verabschiedeten sich, und die Wohnungstür fiel in Schloss. Er ging in die Küche und setzte sich an den Tisch. Lan kam herein, sie trug den neuen Rock und das T-Shirt, die blau waren wie ihre Sportschuhe, ihr Haar floss lose an ihre Ellenbogen. Sie nahm aus dem Speiseschrank den Rest eines alten Baguettes, steckte es in die Tasche und ging wieder, verließ die Wohnung. Er aß das letzte Stück Brot und lief ihr nach, sah, wie sie in den Belvederegarten schritt. Sie setzte sich auf eine Bank und fütterte mit dem Baguette Vögel, dann nahm sie aus der Tasche ein Buch, öffnete es und las. Ein asiatisches Paar kam in den Garten, und als es an ihr vorbeiging, lächelten sie, blieben schließlich stehen, sprachen sie an. Sie schloss das Buch, auch sie lächelte, doch sagte sie nur wenige Worte und ging fort.

In Linz hörte Vater auf zu reden, und als er das Auto einparkte, stieg er aus und läutete an der Hausglocke. Die Großeltern kamen aus dem Haus gelaufen, grüßten und wandten sich Lan zu. Sie führten sie in ihre Wohnung und zeigten ihr alle Zimmer, dann sprachen sie Julian an, steckten auch ihm Geld zu. Zu Mittag kam Tante Beatrix, und sie freute sich schon darauf, ihn und Lan mit auf einen Spaziergang zu nehmen. Sie zeigte ihnen ihren Frisiersalon, dessen Inhaberin sie seit Kurzem war, und in den Gassen der Altstadt erzählte sie dann von ihrer Kindheit und Jugend, gestand sogar, sich als Kind mit ihrem Bruder nicht verstanden zu haben. In einem Geschäft für Jugendmode bekam Julian von ihr ein Kuvert mit Geldscheinen, und Lan durfte sich ein Kleid ihrer Wahl kaufen, danach stiegen sie zum Schloss hinauf. Auf einer Aussichtsstelle blieben sie stehen, und die Tante sprach über die Stadt. Sie habe diesen Platz entdeckt, nachdem sie sich mit ihren Eltern gestritten habe und fortgelaufen sei, sagte sie, und Lan wurde neugierig, bat sie, weiterzuerzählen. Auf dem Rückweg, fast am Ende der ersten Gasse, verstummte Tante Beatrix, hielt plötzlich an, und eine Maus lief an ihren Füßen vorbei. Lan lachte, auch sie blieb stehen, doch Julian rannte der Maus hinterher, und an der Hausmauer tötete er sie.

Lan war schon in der Ordination, als er eintraf. Der Warteraum war menschenleer, Mutters Assistentin nach Hause gegangen, die Magazine lagen geordnet auf dem Tisch. Die Tür zur Ordination stand angelehnt, Mutters Stimme klang sanft. Er setzte sich und blickte noch einmal zur Ordinationstür, betrachtete dann die Bilder sonniger Landschaften, die alle Wände schmückten.

So schöne Zähne bekomme sie selten zu sehen, sagte Mutter, als sie mit Lan in den Warteraum kam, und an ihren Lippen hing ein Lächeln, das voll freudiger Aufregung war. Auch er lächelte, doch als er die Tür zur Ordination passierte, wurde er ernst. Unruhig setzte er sich, und dann hörte er Mutter zu, die von seinen Zähnen sprach, neue Kariesstellen aufzählte. Die Hände zu Fäusten geballt, starrte er durchs Fenster hinaus, betrachtete einen alten Baum, der im Hof stand. Durch die Krone des Baumes sickerten Sonnenstrahlen, die seltsam schwach leuchteten, fein wie Staub waren. Ein kleines Blatt löste sich von einem Ast, federleicht sank es in die Dunkelheit des Hofes, und Mutter fing an zu bohren.

Als er zusammen mit Lan ins Wohnzimmer kam, leuchtete schon der Weihnachtsbaum. Eine Vogelstimme ertönte, und sie blieben stehen, sahen sich um. Vater blickte Lan in die Augen, und Mutter stellte einen Käfig auf den Tisch, auch sie sah Lan an. Lan kicherte, öffnete den Käfig und streckte ihre Hand hinein, streichelte den Wellensittich. Rasch drehte sie sich um, lief zum Vater, und alle hörten, wie sie das erste Mal »Papa« sagte. Nachdem sie ihn losgelassen hatte, drückte sie sich an Mutter. Sie hätten den Wellensittich für zwei Tage bei ihrer Nachbarin untergebracht, sagte Vater leise zu Julian, und danach führte er ihn hinter den Weihnachtsbaum, wo ein Fahrrad wartete. Sobald das Wetter besser sei, werde er ihm das Radfahren beibringen, sagte Vater noch, und Julian bedankte sich, brachte das Fahrrad in den Flur, sah es wieder an.

»Jetzt können die Kinder gemeinsam Rad fahren«, sagte Mutter zu Vater im Wohnzimmer.

»Genau«, sagte Vater, und Lan kam in den Flur.

»Wann wirst du das Radfahren lernen?«, fragte sie.

»Warum?«

»Ich könnte dir dabei helfen, wenn du möchtest.«

»Nein, das möchte ich nicht.«

Er wartete, bis er allein in der Wohnung war, dann kam er in Lans Zimmer, holte den Wellensittich aus dem Käfig und streckte den Arm durch den Spalt des gekippten Fensters. Langsam öffnete er die Hand, sah zu, wie der Vogel in den Botanischen Garten flog, danach kehrte er in sein Zimmer zurück.

Ein Geräusch weckte ihn, und er sah Mutter, die auf ihn zukam. Lans Wellensittich sei davongeflogen, sagte sie.

»Was?«

»Sie hat vergessen, den Käfig und das Fenster zu schließen.«

»Wird sie einen neuen Wellensittich bekommen?«

»Nein, sie will kein Tier mehr, sie ist so traurig.«

»Ist vielleicht noch ein Stück von der Lasagne übrig geblieben?«, fragte er, und sie nickte. Zusammen kamen sie in die Küche, doch kaum hatte er zu essen begonnen, trat Vater herein. Vater setzte sich und sagte, es sei seine Schuld gewesen, seinetwegen habe Lan vergessen, den Käfig zu schließen. Mutter nahm seine Hand, die auf dem Tisch lag, und leise sagte sie, niemand sei schuld gewesen.

»Sobald der Schnee weg ist, werden wir dein Fahrrad ausprobieren«, sagte Vater dann, Julian zugewandt.

Die Deutschlehrerin hatte schon alle Schularbeiten verteilt, und er hing immer noch dem Gedanken nach, wie er wohl das Radfahren schnell erlernen könnte, dabei sah er hinaus auf die Straße, die nass glänzte, unfreundlich kalt war. Da hörte er aufgeregte Stimmen Renates und Ruths, der zwei blonden Mädchen, die in der zweiten Bank saßen, eng miteinander befreundet waren. Wieso sie dieselben Noten wie Farideh bekommen hätten, sagten sie, Faridehs Schularbeit sei doch schlechter. Kinder mit nichtdeutscher Muttersprache seien benachteiligt, würden daher manchmal etwas Nachsicht brauchen, meinte die Lehrerin, und ihre Augen, die sanft lächelten, wanderten über die Klasse. Das sei ungerecht, sagten Renate und Ruth wie aus einem Mund, und als der Unterricht zu Ende war, warteten sie draußen vor dem Gymnasium. Ob sie sich nicht schäme, sagten sie, und Farideh wich ihren Blicken aus, fing an zu laufen.

Als er nach Hause kam, rief Mutter ihn in die Küche und fragte, ob er schon hungrig sei. Ja, antwortete er, setzte sich und aß, lobte das Wiener Schnitzel. Lan habe es gemacht, sagte Mutter und setzte sich zu ihm. Wo Lan sei? Sie sei mit Papa draußen, antwortete sie.

»Ach so.«

»Was sagst du dazu, wenn wir Papa zum Geburtstag ein Fahrrad kaufen?«

»Ein Fahrrad? Warum?«

»Er würde so gern mit euch gemeinsam Rad fahren.«

»Kann ich noch ein Schnitzel haben?«

»Aber ja, es sind noch genug da.«

»Papa kann mein Fahrrad haben.«

»Bitte?«

»Wir brauchen ja Geld für den Urlaub.«

»Nein, brauchen wir nicht. Wir bleiben in Wien.«

Er kam in die Gasse und sah Lan, die auf dem Heimweg war. Sie überquerte die Straße, hielt an und trocknete ihre Augen, dann lenkte sie ihre Schritte in den Botanischen Garten. Er ging nach Hause, stellte seine Tasche ab und trat in ihr Zimmer. Das Buch, das auf dem Tisch lag, schlug er auf und las ein paar Zeilen, danach öffnete er den Schrank. Das Jeanshemd, das Lan so gut stand, holte er heraus. Es vor sich haltend betrachtete er das Hemd, steckte es zurück und griff nach einem Kleid, als er die blonde Puppe bemerkte, die in der Ecke des Schranks saß. Er ließ das Kleid los, schloss den Schrank und sah auf die Bücher, die auf dem Brett über dem Bett standen. Danach schlenderte er in sein Zimmer.

Die Wohnungstür ging auf, und Lan kam nach Hause. Sie sperrte sich im Badezimmer ein, und als sie wieder herauskam, trug sie Bademantel. Mit raschen Schritten ging sie in ihr Zimmer, und leise drückte sie ihre Tür zu. Sie zählte nicht mehr zu den Besten in ihrer Klasse, und ihre Noten hatten sich weiter verschlechtert.

Heidi nahm Lans Schal und strich darüber, dabei grinste sie breit. Danach band sie sich den Schal um ihren Hals und fragte Lan, ob er ihr stehe.

»Die Vietnamesin ist so komisch«, sagte Ruth, und die drei großen Buben, die neben Renate standen, lachten auf. Renate sah Julian an und fragte, was mit seiner Schwester los sei. Wie sie denn darauf komme, Lan sei seine Schwester, sagte er nur, bevor er in die Klasse ging. Werner setzte sich zu ihm, schenkte ihm ein Kaugummi und fragte, ob er Lust habe, nach dem Unterricht mit zu ihm zu kommen. Er habe neue Filme, und an Nachmittagen sei er meistens allein zu Hause, sagte er noch, und als der Unterricht zu Ende war, liefen sie zusammen hinaus. Vor einem Haus nahe dem Gymnasium nahm Werner seinen Schlüsselbund aus der Hosentasche, und so schnell, wie er die Haustür öffnete, öffnete er auch die Wohnungstür. Er zeigte Julian sein kleines Zimmer und führte ihn ins Wohnzimmer, und kaum hatten sie Platz genommen, lief schon ein Film. Doch war nur eine Weile vergangen, und das Schloss an der Wohnungstür rasselte, Schritte wurden laut.

»Das ist meine Schwester Sabine«, murmelte Werner, und eine hübsche Frau betrat das Zimmer. Sie sagte, sie bringe ihnen einen Leckerbissen, und kurz danach stellte sie zwei Teller mit Tortenschnitten auf den Tisch. Ob sie Klassenkollegen seien, fragte sie Werner, bevor sie sich setzte. Ja, antwortete er und stellte ihr Julian vor. Julian bedankte sich für die Tortenschnitte, doch nachdem er sie gegessen hatte, machte er sich auf den Heimweg.

Er schloss den Schrank und langte nach seiner Schultasche, als plötzlich Lan zu ihm kam.

»Wir könnten das Geschenk für Papa gemeinsam kaufen, wenn du magst«, sagte sie.

»Ein Geschenk? Warum?«

»Er hat doch nächste Woche Geburtstag. Mama hat mir das Geld dafür schon gegeben.«

»Gleich nach dem Unterricht vielleicht?«

»Ja«, sagte sie und kehrte in ihr Zimmer zurück.

Fast den ganzen Schultag plauderte er mit Werner, doch nach der letzten Unterrichtsstunde lief er aus der Klasse, ohne sich von ihm zu verabschieden. Lan stand an der Ecke des nächsten Hauses, sie wartete, bis er zu ihr kam, dann führte sie ihn zum Schwarzenbergplatz. Ob sie überhaupt wisse, was sie dem Papa schenken würden, fragte er, sie aber antwortete nur, er solle sich überraschen lassen. Danach öffnete sie die Tür einer Buchhandlung, trat zu einem Regal und nahm ein Buch heraus. Es falle ihr kein schöneres Geschenk für Papa ein, sagte sie, reichte es ihm und wandte sich wieder zum Regal. Er schlug es auf, fragte, ob sie es kenne. Noch nicht, aber Papa werde es bestimmt gefallen, gab sie zur Antwort, und draußen vor der Buchhandlung begann sie über ein Nachthemd zu erzählen, das sie Mutter zum Geburtstag kaufen wollte. Bis zu Mamas Geburtstag hätten sie noch Zeit genug, meinte er, und sie blieb stehen, um das Restgeld zu zählen. Noch bevor sie fertig war, fragte sie, ob er auch eine Pizza wolle.

Zwei Südländer, die an der Theke standen, erwiderten Lans Gruß und sahen Julian an. Lan setzte sich an einen

Tisch am Fenster, bestellte zwei Pizzen und erzählte, wie sie bei Heidi zu Besuch gewesen war. Er starrte hinaus auf die Straße, dann blickte er zum Himmel, auf dem graue Wolken sich zusammenzogen.

»Ich werde die ganze Pizza nicht schaffen«, sagte sie, und er wandte sich ihr wieder zu. »Magst du den Rest haben?«

»Gern«, antwortete er, und sie schob den Rest der Pizza auf seinen Teller. Sie wartete, bis er mit dem Essen fertig war, dann winkte sie mit ihrer Geldbörse zu den zwei Männern.

»Ich glaube, die Asiatin hat mit ihm noch etwas vor«, bemerkte der Mann, der ihnen die Pizzen gebracht hatte, und sogleich ging er auf sie zu. Julian sah ihn an, und rasch blickte er in Lans Augen. Sie bezahlte und ging zum Ausgang.

Sie kam in sein Zimmer und fragte, ob sie Papa das Geschenk noch vor dem Essen geben würden. Ob sie jetzt gleich zu ihm wolle? Ja, antwortete sie, und dann gingen sie hinaus in den Flur. Ob Papa im Wohnzimmer sei? Nein, erwiderte sie und steuerte das Schlafzimmer an, das geschlossen war. Sie habe vor Kurzem sein Lachen gehört, flüsterte sie noch, dann klopfte sie an und öffnete die Tür. Vaters nackte Brust verschwand unter die Decke, und Mutter, die bedeckt bis zum Hals war, setzte sich auf. Lan drehte sich um und ging ins Wohnzimmer, Julian schlenderte ihr nach. Sie nahm Platz, und er schaltete den Fernseher ein. Mutter kam herein und fragte, ob sie etwas gewollt hätten. Vater trat an die Tür, und Lan wünschte ihm alles Gute zum Geburtstag. Julian schloss sich ihr an.

»Sie haben es gemeinsam gekauft«, sagte Mutter zum Vater, nachdem er das Buch ausgepackt hatte.

»Ich habe eine Idee«, murmelte er.
»Was für eine?«, fragte sie gespannt.
»Wir gehen in ein Restaurant«, antwortete er, und dann gingen sie alle hinaus. Er führte sie in ein chinesisches Restaurant, bestellte Essen und erzählte über Schwierigkeiten, die manche asiatische Restaurants in Wien hatten. Erst die Frau, die das Essen brachte, unterbrach ihn, und als sie mit dem Blick auf Lan verharrte, bat er um Stäbchen.
»Denen hier geht es aber besser als uns«, bemerkte Julian, sobald die Frau zum nächsten Tisch gegangen war, und Mutter neigte sich zu ihm.
»Weißt du, wie schwer die arbeiten müssen?«, sagte sie leise.
»Warum sind wir nicht in ein vietnamesisches Restaurant gegangen?«
»Ich habe mit Papa schon mehrmals darüber gesprochen, dass wir Lan auch unter asiatische Zuwanderer bringen sollten, aber wir wollen es vorsichtig machen, und zu Vietnamesen möchten wir erst später schauen«, flüsterte Mutter in sein Ohr.
»Warum erst später?«
»Weil wir noch nicht wissen, wie Lan reagieren würde.«

Er blieb stehen und wartete, und als Lan zu ihm kam, fragte er, ob sie schon alle Schularbeiten geschrieben habe. Noch zwei würden kommen, antwortete sie. Er müsse noch drei machen, sagte er, und dann erzählte er von jenen Schularbeiten, die er voriges Jahr gehabt hatte. Ob sie noch spazieren möchte, fragte er vor ihrem Haus. Ihr Lehrer habe heute von dem Biedermeier-Friedhof Sankt Marx erzählt, sagte sie und fragte, ob er sich den Friedhof vielleicht anschauen möchte. Gern, antwortete er, und danach machte er sich lustig über einen seiner Lehrer. Sie lachte, doch vor dem Friedhof wurde sie ernst. Schweigend passierten sie das Tor, dann schritten sie weiter, betrachteten Grabsteine und Statuen. Lan bemerkte einen Mann, der im Gras lag und in einem Buch las, und ein Lächeln stieg an ihre Lippen. Auch am Mozarts Grabmal lächelte sie, doch vor der Friedhofsmauer wurde sie wieder ernst, und reglos starrte sie eine fremdsprachige Inschrift an, die auf einem Grabstein stand. Sie wisse gar nicht, wo ihre Eltern begraben seien, sagte sie, als sie weiterging.

»Die haben kein Grab.«

»Warum sollten sie kein Grab haben? Weil sie Vietnamesen waren?«

»Nein, aber die haben bestimmt kein Grab«, sagte er, trat unter einen Baum und legte sich ins Gras. Sie legte sich zu ihm, blickte in die Baumkrone.

»Auch wir werden eines Tages nicht mehr hier sein«, sagte er. »Und vielleicht findet sich dann jemand, der sich an uns erinnern wird.«

»Wer denn?«

»Unsere Freundinnen und Freunde.«

»Das glaubst du? Du bist so naiv.«

»Bitte?«

»Ja, du bist naiv.«

»Sag mal, fühlst du dich als Österreicherin oder als Vietnamesin?«

»Du bist doch so dumm«, sagte sie, stand auf und ging zum Tor.

Er hörte, wie sie sang, schloss leise die Tür und schlich zu ihrem Zimmer, das offen war. Sie stand vor dem Spiegel, und während sie sich betrachtete, bürstete sie ihr Haar. Da blickte sie zu ihm. Ob sie vielleicht wisse, wie man eine Nusstorte mache, fragte er.

»Ich glaube schon.«
»Würdest du mir dabei helfen?«
»Möchtest du die Torte gleich backen?«
»Ja.«
»Dann musst du aber jetzt einkaufen gehen.«
»Ich weiß.«
»Dass du plötzlich eine Torte möchtest?«
»Sie wird für uns alle sein. Schreibst du mir bitte auf, was ich kaufen soll. Ich warte in meinem Zimmer.«
»Manuel und Rainer lassen dich grüßen.«

3

Der Himmel war trüb, die Straße grau, als er aus dem Universitätsgebäude trat. Er ging in die nächste Buchhandlung, kaufte ein Buch, und als er nach Hause kam, klopfte er an Lans Tür.

»Darf ich?«, fragte er, nachdem er geöffnet hatte. Klar, antwortete sie, und er setzte sich zu ihr aufs Bett, nahm das Buch aus seiner Tasche und legte es auf ihren Schoß. Ob es für sie sei? Ja, antwortete er, und sie schlug es auf. Das Telefon klingelte, er stand auf und lief ins Vorzimmer. Mutter fragte, ob er das Taschengeld gefunden habe. Nein, er sei gerade heimgekommen. Sie habe es nämlich in der Küche vergessen, es liege auf dem Tisch, sagte sie, und Vater kam nach Hause.

»Papa ist gekommen, möchtest du ihn sprechen?«

»Ja«, antwortete sie, und er gab den Hörer Vater, dann ging er in die Küche, nahm das Taschengeld und kehrte zu Lan zurück. Sie schloss das Buch, und er fragte, ob sie mit zu einer Geburtstagsfeier kommen möchte. Wer denn Geburtstag habe? Eugen, ein Freund von der Uni. Sie hätten doch kein Geschenk. Eugen habe schon ein Geschenk bekommen, sagte er, und sie fragte, ob er gleich gehen wolle. Ja, aber Papa brauche davon nicht zu wissen, bemerkte er, bevor er in sein Zimmer ging. Als er wenig später zurückkam, stand sie vor dem Spiegel, in Jeans und Hemd angezogen, beide schwarz, die Augen geschminkt. Er stellte sich zu ihr, und sie fragte, ob es so gehe. Ja, antwortete er, und dann stahlen sie sich aus der Wohnung. Sie stiegen in Straßenbahn ein, und nachdem sie wenig später wieder ausgestiegen waren, betraten sie ein Studentenheim. Schon an der nächsten Tür begrüßte Eugen sie, und danach kamen sie in einen Raum, wo Musik spielte und junge Menschen tanzten. Sie nahmen Getränke und setzten sich, und Eugen erzählte, wie er übers Wochenende zu Hause gewesen war, mit seinen Eltern gefeiert hatte. Zwei Mädchen unterbrachen ihn, um ihm alles Gute zum Geburtstag zu wünschen, und Julian fragte Lan, ob es ihr hier gefalle. Sie bejahte und erzählte, wie sie zuletzt bei Heidi gewesen war. Ob sie tanzen möchte, fragte er. Ob er auch tanzen werde? Nein, antwortete er, und sie stand auf.

Es war schon spät in der Nacht, als sie hinauskamen. Lan lächelte, und im Taxi erzählte sie, worüber sie sich mit den Mädchen unterhalten hatte. An der Wohnungstür aber wurde sie still.

»Wo seid ihr gewesen?«, stieß Vater aufgeregt hervor. Julian antwortete, und Vater fragte, ob sie wüssten, wie spät es sei. Das Telefon klingelte, und Lan ging in ihr Zimmer. Sie seien schon da, sagte Vater ins Telefon, und Julian schlich an ihm vorbei, verflüchtigte sich in sein Zimmer.

Der Botanische Garten war voll Schnee, der unablässig schimmerte. Die Bänke waren verschwunden, Büsche in weiße Skulpturen verwandelt, Bäume starr. Der ganze Garten lag verlassen, in eisige Stille getaucht.

Lan winkte, und er steckte die Hände in die Hosentaschen. Sie warf einen Schneeball nach ihm und fragte, ob er schon lange warte. Ja, antwortete er, und als sie danach durch den Garten spazierten, musste er über die Universität erzählen. Alles wollte sie über das Germanistikstudium wissen, und er musste ihr versprechen, sie auf die Universität mitzunehmen, ihr das Institut zu zeigen. Als sie nach Hause kamen, wartete er, bis sie sich umgezogen hatte, dann kam er zu ihr, setzte sich aufs Bett und nahm das Buch über Vietnam zur Hand, das auf dem Tisch lag. Ob sie etwa nach Vietnam fliegen wolle? Sie wolle unbedingt mal nach Vietnam fliegen. Das Leben dort dürfte aber ziemlich schwierig sein, bemerkte er. Hier sei es auch nicht einfach, versetzte sie.

»Darf ich mitfliegen?«
»Ich würde jetzt gern alleine sein.«

Sie sei in Wien geboren, doch sie fühle sich hier trotzdem fremd, sagte sie, als sie in den Volksgarten kamen. Ob sie das irgendwo gelesen habe, fragte er. Warum? Weil es sich so komisch anhöre, erwiderte er, und sie wurde still.

»Im Sommer war ich einige Male hier«, sagte sie dann, und er fragte, was sie da gemacht habe. Sie habe gelesen. Für so etwas habe er keine Zeit. Das sei aber schade, sagte sie, und ihr Blick glitt über die winterlichen Bilder, die sie umgaben.

»Komm«, sagte er, und nachdem sie den Garten verlassen hatten, betraten sie ein Kaffeehaus. Eine hübsche Kellnerin kam, und Lan bestellte zwei Stück Kuchen und Tee. Er bemerkte auf dem Fensterbrett eine Zeitung, nahm sie und las so lange, bis sie den Kuchen und den Tee bekamen.

»Die gefällt dir, nicht wahr?«, sagte Lan, als die Kellnerin sich entfernte. »Du stehst auf Blondinen.«

»Wie bist du darauf gekommen?«, fragte er, doch sie gab keine Antwort. Als sie später hinauskamen, gingen sie zum Donaukanal. Auf dem Weg am Wasser entlang warf Lan einen Schneeball nach ihm, doch er lächelte nur. Sie warf einen zweiten Schneeball nach ihm, lachte, und er drehte sich um, hob sie hoch, fiel mit ihr in den Schnee.

Er drückte sie fest an sich, und sie blieb liegen, bewegte sich nicht, atmete still. Er ließ sie los, stand auf und reichte ihr die Hand, um ihr auf die Beine zu helfen, und sie wich seinem Blick aus. Kaum hatte er ihre Jacke vom Schnee geputzt, fing es wieder an zu schneien, und sie liefen in die nächste Gasse. Am Stephansplatz hörte Lan auf zu laufen, und dann ging sie in den Dom. Sie trat zu dem Kerzenständer, zündete zwei Kerzen an, und langsam setzte sie sich in eine Bank.

www.wieser-verlag.com